Quatre ans plus tard, comme en écho,
l'architecte Boullée évoque dans ses écrits
les «Lumières répandues dans tout l'ensemble
de la République par l'immensité de nos
tentatives dans tous les différents genres».
Dès 1784, il avait dessiné un cénotaphe,
hommage à Newton,
l'homme de toutes les questions
sur la révolution des astres.

«Esprit sublime ! Génie vaste et profond!
Etre divin! Newton daigne agréer l'hommage
de mes faibles talents ! O Newton !

Si par l'étendue de tes lumières et la sublimité de ton génie, tu as déterminé la figure de la terre, moi j'ai conçu le projet de t'envelopper de ta découverte.

C'est en quelque façon t'avoir enveloppé de toi-même. En me servant, Newton, de ton divin système pour former la lampe sépulcrale

qui éclaire ta tombe, je me suis rendu, ce me semble, sublime. C'est la seule décoration dont j'ai cru devoir faire usage.»

C'était dans le séjour de l'immortalité, c'était dans le ciel que je voulais placer Newton. La lumière de ce monument qui doit être semblable à celle

d'une nuit pure est produite par les astres et les étoiles qu'ornent la voûte du ciel. La disposition des astres est conforme à celle de la nature.»

Annie Jacques est conservateur de la bibliothèque de l'Ecole nationale supérieure des Beaux-Arts et responsable de l'immense fonds de dessins d'architecture française. Elle a participé à l'organisation des grandes expositions «Pompéi», «Paris-Rome-Athènes», «Roma Antiqua». Jean-Pierre Mouilleseaux est historien et historien de l'art. Il a participé à différentes expositions à Bordeaux, à Rouen, à Paris («Palladio et la France», «Soufflot et l'architecture des Lumières», «les Villes d'eau en France»), ainsi qu'à Vizille («1788 : les enjeux culturels à la veille de la Révolution»). Ils préparent l'exposition «les Architectes de la Liberté», qui sera présentée à l'Ecole des Beaux-Arts en octobre 1989.

Dépôt légal : octobre 1988
Numéro d'édition : 44528
ISBN : 2-07-053067-1
Imprimé en France

LES ARCHITECTES DE LA LIBERTÉ

Annie Jacques
Jean-Pierre Mouilleseaux

DÉCOUVERTES GALLIMARD
ARCHITECTURE

L'architecte du siècle des Lumières croit, comme les philosophes et les savants, au dieu Progrès et à la déesse Raison. Il dessine les temples qui magnifient l'idéal du temps, et bâtit des édifices convenant aux exigences de la haute société comme à celles de la vie de la cité. L'architecture participe ainsi directement au grand essor de la pensée qui ruine l'ancien monde pour mieux construire l'avenir.

CHAPITRE PREMIER

LA LEÇON DES LUMIÈRES

“ Il faut concevoir pour effectuer; nos premiers pères n'ont bâti leurs cabanes qu'après en avoir conçu l'image. C'est cette production de l'esprit, c'est cette création, qui constitue l'architecture, que nous pouvons, en conséquence, définir l'art de produire et de porter à la perfection tout édifice quelconque. ”

Boullée,
Introduction
à l'*Essai sur l'art*

Les règles de la Raison – qui s'imposent alors dans toutes les disciplines – tentent de se substituer, en architecture, aux règles du métier et aux spéculations souvent savantes du classicisme d'un Perrault ou d'un Blondel.

C'est une connaissance nouvelle de la nature et de ses phénomènes qui entraîne l'architecte à se soumettre à l'expérimentation et non plus à une autorité révélée. Le siècle de Lavoisier «divinise» Newton : à son image, il va concevoir l'univers comme une immense géométrie. Dans un projet de *Basilique*, au début des années 1780, Boullée, architecte et aussi pédagogue, imagine des files de colonnes telles que «la vue s'égarerait dans ce riche ensemble, et les effets d'optique et de perspective prolongeant l'étendue des colonnades offriraient [...] le tableau de l'immensité».

Au même moment s'édifie à Paris la nouvelle église Sainte-Geneviève, l'actuel Panthéon, conçue par Soufflot dès 1755, «architecture sacrée pour un âge philosophique» (Michel Gallet). Cet imposant édifice propose des solutions inédites jusqu'alors pour une église chrétienne : un vaste portique et des colonnades intérieures autour d'un plan en croix ; il utilise les principes structurels du gothique en les habillant de la noble grandeur des temples grecs. Les difficultés de construction du dôme ont conduit Soufflot à s'entourer d'une équipe de techniciens qui font du chantier un laboratoire, consacrant, déjà, le rôle des ingénieurs, préfigurant la destinée d'une architecture «fille des mathématiques».

Les «architectes-philosophes»

Parallèlement, de grands architectes, De Wailly ou Ledoux, revendiquent leur mission d'«artistes» ; Boullée n'inscrit-il pas, en exergue à son traité, la devise du Corrège : «Et moi aussi je suis peintre» ? Pour lui, les édifices publics doivent être des poèmes et «exciter en nous des sentiments analogues à l'usage auquel ces édifices sont consacrés». C'est ce nouveau mode de perception, proche des théories sensualistes de Condillac et de Diderot, qu'illustre à merveille l'architecte Le Camus de Mézières dans

C'est peut-être en vue d'un séjour de Voltaire que De Wailly a conçu en 1774 la maison de Mme Denis, nièce de l'écrivain, rue de Richelieu, remarquée pour le plan ingénieux de l'escalier.

Dans cette vue d'un muséum, ou temple de la Renommée (1783), Boullée recourt au langage du peintre en créant une perspective intérieure. Au travers d'un écran de colonnes, il rend perceptible l'émotion que doit provoquer l'édifice par sa grandeur, ses proportions et son éclairage.

La basilique Sainte-Geneviève, encore inachevée en 1788 (date de ce dessin), sert de cadre à une procession solennelle, qui préfigure les «panthéonisations» de la Révolution.

son ouvrage *le Génie de l'architecture ou l'analogie de cet art avec nos sensations*, paru en 1780 : «La véritable harmonie en architecture dépend de l'accord des masses et de celui des différentes parties. Le style et le ton doivent se rapporter au caractère de l'ensemble, et l'ensemble doit être pris dans la nature, dans l'espèce et dans la destination de l'édifice qu'on veut élever.»

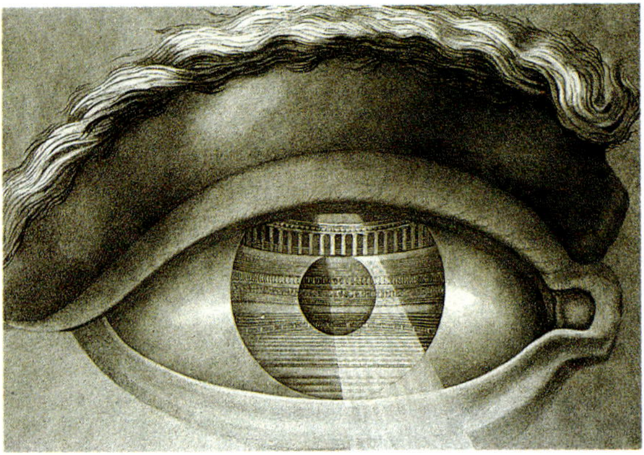

«Le coup d'œil de l'architecte est plus nécessaire qu'on ne l'imagine, pour constater les effets que la postérité n'a pas le droit de réprouver.» Cette célèbre gravure de Ledoux, intitulée *Coup d'œil du théâtre de Besançon*, montre le reflet dans un œil de la salle édifiée à partir de 1776. Etrange mise en page qui fascinera plus tard les surréalistes.

L'architecture est donc vécue comme une expérience philosophique afin, écrira Ledoux, que «l'homme se perfectionne par ses propres sensations».

Déjà en 1755, l'abbé Laugier, théoricien héraut de la rupture anticlassique, revendique une architecture «moralisée» (comme le souhaite Diderot pour la peinture), caractérisée par un retour au naturel avec l'emploi de la colonne et de l'architrave au lieu du pilier et des arcades, et surtout par l'expression du «caractère» – et non plus la simple beauté visuelle. Cette recherche de grandeur fait critiquer, par exemple, le plan de Versailles pour ses corps de logis imbriqués sans harmonie. En conséquence, d'ambitieux plans de reconstruction – du «grand dessein» de Gabriel (architecte de la tradition et de la Cour) à ceux de Peyre ou de Boullée –, veulent créer un palais monumental, mais inscrit dans la ville, ultime tentative pour concilier la résidence du souverain et la cité.

Epris de grandeur, les hommes des Lumières revendiquent les grands modèles : la monarchie finissante commande les statues des hommes illustres ; architectes et élèves de l'Académie multiplient les projets de «monuments», que l'*Encyclopédie* définit : des ouvrages «faits pour conserver la mémoire des hommes illustres ou des grands événements, comme un mausolée, une pyramide, un arc de triomphe».

“ L'effet de ces sortes de monuments devant être triste, j'ai évité d'y introduire aucune des richesses de l'architecture. Je ne me suis pas même permis d'en détailler la masse, afin de lui conserver le caractère de l'immutabilité. J'ai donné à la pyramide la proportion du triangle équilatéral parce que la parfaite régularité constitue la belle forme. ”

Boullée,
Essai sur l'art

De l'antique au sublime : une nouvelle conception du beau

Ainsi voit-on Boullée consacrer à Newton un étonnant *Cénotaphe*, ou dresser, sur l'espace du papier, plusieurs pyramides, aux formes fascinantes, «images tristes des monts arides et de l'immutabilité». C'est toute une Antiquité primitive, musée imaginaire de l'humanité, qui est convoquée dans ces visions inspirées des restitutions gigantesques de l'architecte baroque viennois Fischer von Erlach, des gravures de Piranèse ou des découvertes du Moyen-Orient. Les masses se dégagent du sol, créant cet effet d'«architecture ensevelie» où les voûtes semblent naître «à ras de terre». Admirateurs du passé, les architectes des Lumières tentent une nouvelle approche : emprunts et citations, vocabulaire

A ses grands hommes, l'Ancien Régime avait souhaité consacrer des monuments. Renouant avec la tradition des mausolées, Boullée dessine un projet de *Cénotaphe* qu'il dédie à Turenne et dont la forme de pyramide est conçue «de manière à braver le ravage du temps».

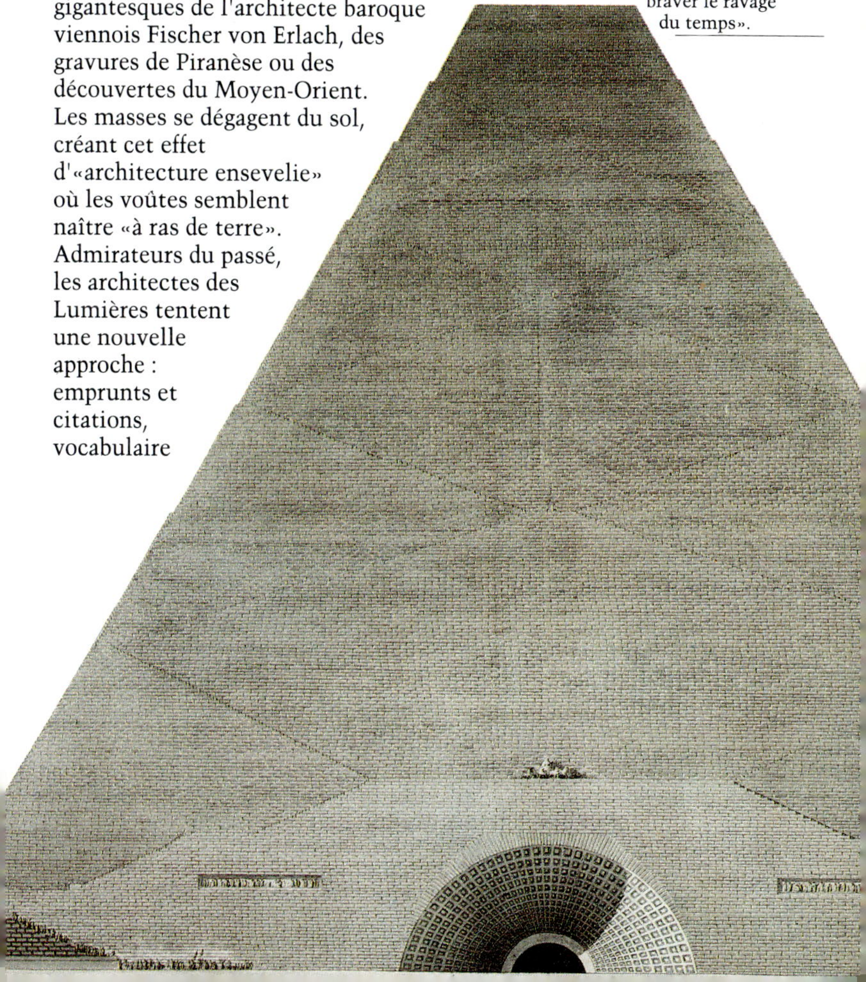

décoratif ou fabriques en ruines ne doivent pas masquer l'ambiguïté des positions. L'esthétique néoclassique, défendue par Winckelmann, tend à la dictature du beau idéal, mais cohabite, souvent dans la même œuvre, avec l'expression de tendances «libérales», laissant place à l'inspiration, le «génie» du romantisme naissant. «On prononçait sans cesse le mot d'antique à l'Académie tandis qu'on composait dans le style le plus moderne.» Une vision relative du beau s'impose, fondée sur la «convenance» : climat, matériau, mœurs d'une société, nécessité de répondre à des fonctions nouvelles (hygiène, production économique...). Voilà qui nuance le principe d'un beau absolu.

Dans sa *Théorie du sublime* (1757), Burke met en évidence l'effet produit sur les sens, et Boullée place au-dessus de tout la recherche de la «sublime image», dessinant, pour sa *Bibliothèque*, une immense basilique où les livres constituent le matériau même des murs. Cette quête du sublime passe par l'expérience du «terrible», ce que Burke nomme la

Rompant avec la tradition des bibliothèques d'abbayes ou de châteaux, simples salles aménagées en rayonnages et en galeries, Boullée, pour son projet de *Bibliothèque publique* (1785), propose de couvrir la cour de la Bibliothèque royale d'une voûte en plein cintre, permettant un éclairage zénithal. Les murs de soutien deviennent les rayonnages supportant les ouvrages. «On se figure, dit-il, des personnes placées sur divers rangs, et se passant de main en main les livres.»

Lors d'une promenade au clair de lune, l'imagination de Boullée, frappée par les ombres portées, lui fait concevoir cette architecture «en négatif» où les formes naissent dans le lavis d'encre de Chine.

« Il faut présenter le squelette de l'architecture par une muraille absolument nue [...], former enfin par des matières absorbant la lumière le noir tableau de l'architecture des ombres dessinées par l'effet d'ombres encore plus noires. »

Boullée

Ledoux commence en 1787 de bâtir les prisons d'Aix-en-Provence, à la silhouette massive et aux surfaces aveugles : une «architecture parlante» consacrée à la sûreté publique.

«delightful horror». Contemporain des poètes des *Tombeaux* et des romans noirs, Boullée s'exclame avec lyrisme : «Artiste, fuis la lumière des cieux ! Descends dans les tombeaux pour y tracer les idées à la lueur pâle et mourante des lampes sépulcrales !» S'éloignant des théoriciens, l'architecture se nourrit des sensations visuelles (l'ombre et la lumière) et psychologiques (les émotions que celles-ci provoquent). D'où cette «architecture des ombres», cette nuit qui envahit et construit l'espace de nombreux dessins, gravures, décors de théâtre et d'opéra. La poésie et la musique du romantisme naissant expriment le combat du jour et de la nuit (*la Flûte enchantée* de Mozart est créée en 1791); l'architecture des ombres a la même ambition. Blanc et noir y ont une égale valeur : «La rigueur absolue des formes dessinées par la raison engendre des masses

d'ombres homogènes. Volumes où la nuit est captive, dominée par la maîtrise et la détermination absolue du dessin linéaire. Mais l'on pressent que l'ombre – ainsi libérée, purifiée, concentrée – pourra faire sécession, constituant son royaume à part», écrit Jean Starobinski.

L'amphithéâtre d'anatomie de l'actuelle Ecole de médecine de Paris, édifiée par Gondoin en 1769, combine la forme du théâtre antique et le dôme à caissons du Panthéon de Rome. Jusqu'alors inédite, cette solution préfigure les salles d'assemblée des députés.

«La fureur pour la bâtisse imprime à la ville un air de grandeur et de majesté»

A en croire les guides de voyage de l'époque, Paris compte en ses murs «des chefs-d'œuvre qui le disputent à ceux de la Grèce et de Rome». Les récentes réalisations de l'architecture française attirent la curiosité de l'Europe entière, même si l'hégémonie de l'art français a été exagérée par les historiens. L'originalité des recherches d'avant-garde et la diversité des talents expliquent l'éclat que revêt l'école française d'architecture à l'étranger avec la présence, au milieu du siècle, de Legeay à Berlin, de Jardin à Copenhague, de Petitot à Parme, de Desprez à Stockholm. Les architectes sont appelés en consultation par les cours étrangères, et sont soumis en retour à des influences novatrices, à Rome autour de Piranèse, en Angleterre avec le palladianisme et le renouveau décoratif. Si Chambers visite Paris, Bélanger se rend à Londres. Clérisseau dessine les sites antiques avec les frères Adam, les grands architectes anglais, avant de devenir un expert pour Catherine de Russie, puis pour Jefferson, le futur président des Etats-Unis, à qui il envoie un modèle du Capitole de Virginie.

Gondoin imagine de créer une place devant son Ecole de chirurgie en installant une prison dans le couvent des Cordeliers (à droite) et en aménageant l'église en temple dorique (au centre).

Ce que l'on montre alors à Paris et en province, et que font connaître les estampes, est bien le résultat de cette «fureur pour la bâtisse» dont parle Louis Sébastien Mercier. Un grand nombre d'édifices commandés par l'administration de Louis XV ou de Louis XVI, par de hauts dignitaires,

Pour le comte d'Artois, frère du roi, son architecte Bélanger bâtit en 1779 d'imposantes écuries, rue du Faubourg-Saint-Honoré.

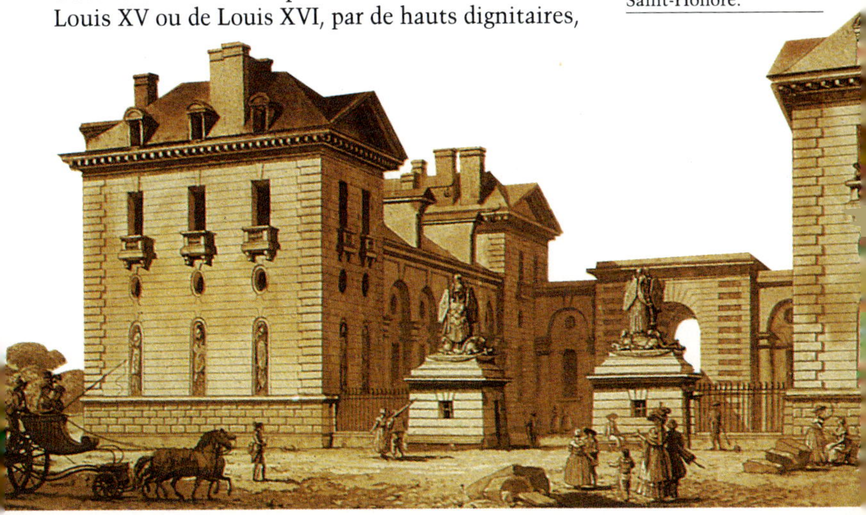

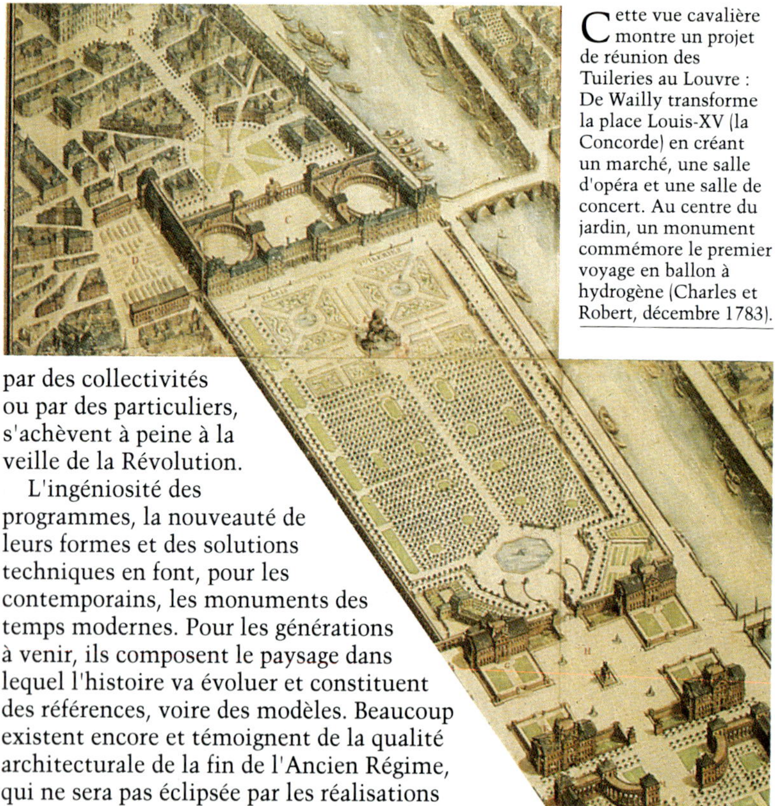

Cette vue cavalière montre un projet de réunion des Tuileries au Louvre : De Wailly transforme la place Louis-XV (la Concorde) en créant un marché, une salle d'opéra et une salle de concert. Au centre du jardin, un monument commémore le premier voyage en ballon à hydrogène (Charles et Robert, décembre 1783).

par des collectivités ou par des particuliers, s'achèvent à peine à la veille de la Révolution.

L'ingéniosité des programmes, la nouveauté de leurs formes et des solutions techniques en font, pour les contemporains, les monuments des temps modernes. Pour les générations à venir, ils composent le paysage dans lequel l'histoire va évoluer et constituent des références, voire des modèles. Beaucoup existent encore et témoignent de la qualité architecturale de la fin de l'Ancien Régime, qui ne sera pas éclipsée par les réalisations propres à la Révolution ou à l'Empire.

Parmi ces manifestes esthétiques, il faut citer les églises, dont l'immense Sainte-Geneviève de Soufflot (construite de 1755 à 1790),

Conçu par un prince allemand libéral, l'hôtel de Salm a été édifié par P. Rousseau selon un parti monumental; son porche à colonnes convient à un monument officiel. La Légion d'honneur s'y installe sous l'Empire.

la basilique à l'antique de Saint-Philippe-du-Roule par Chalgrin (1768), l'austère couvent dorique des Capucins (l'actuel lycée Condorcet) de Brongniart (1779).

Des bâtiments purement fonctionnels adoptent des partis inédits. Ainsi la Halle au blé de Le Camus de Mézières (1762) – ouvrage édilitaire par excellence, détruit au XIXe siècle –, la Monnaie d'Antoine (1768), l'Ecole de chirurgie et son amphithéâtre de Gondoin (1769) ou, en Franche-Comté, les Salines d'Arc-et-Senans de Ledoux (1774).

Les demeures privées témoignent d'un art de vivre lié au luxe de la haute société; on les admire pour l'invention virtuose des plans, les audaces des décors où s'expriment d'abord les tendances de l'avant-garde:

Dans un effet d'«architecture ensevelie» qui évoque l'arche du cirque de Maxence à Rome, Ledoux crée pour l'hôtel du banquier Thélusson (1778, ci-dessus) un porche monumental, «cadre mâle et ferme à son élégante architecture». Mise en scène comme un décor, la maison domine un ingénieux jardin pittoresque (ci-dessous).

l'hôtel de Brunoy de Boullée (1774) et l'hôtel de Thélusson de Ledoux (1778), tous deux détruits au XIXe siècle, ou celui du prince de Salm de Rousseau (vers1780). Même raffinement et même innovation dans l'architecture des nombreuses «folies» construites autour des villes : Bagatelle, pour le frère du roi, associe les talents des décorateurs, tapissiers, peintres, sculpteurs et paysagistes, sous la conduite de l'architecte Bélanger, qui réussit à faire du grand dans du petit.

Image d'un grand architecte à la fin de l'Ancien Régime, Ledoux présente le dessin d'une de ses *Barrières*. Le portrait est peint par Marguerite Gérard, belle-sœur de Fragonard.

Des monuments accordés à un nouvel espace urbain

La conception de la plupart des édifices majeurs mis en chantier va de pair avec des «projets d'utilité et d'embellissement de la ville», comme De Wailly en expose, pour Paris, au Salon de 1789. L'embellissement se traduit par une transformation progressive du cadre urbain et des équipements existants, souvent inadaptés ou condamnés. Voltaire dégageait, dès 1750, l'idée que de grands travaux sont sources de bienfaits et de prospérité *(Des embellissements de Paris)*. Précédant les réformes politiques des systèmes judiciaires, pénaux ou hospitaliers, de nombreux projets imaginent des édifices adaptés aux fonctions, qui s'accompagnent de l'aménagement de quartiers entiers. Construire un théâtre suppose ainsi une opération immobilière dont les profits permettent de trouver les capitaux qui font cruellement défaut à l'administration. C'est intégrés dans leur cadre urbain que l'on doit voir la Comédie-Française (l'actuel Odéon) de Peyre et De Wailly (1770), le Grand

Un élève de l'Académie, Doucet, propose en 1784 une place Louis-XVI semi-circulaire, face à la colonnade du Louvre, en l'insérant dans une arcade évoquant les *Vues sous l'arche* de Piranèse.

Théâtre de Louis à Bordeaux (1772) ou le Théâtre Graslin de Crucy à Nantes (1784).

De très vastes projets envisagent de dégager les centres des villes, de supprimer les fortifications qui les enserrent, de créer des promenades et des places, de doter les ports de quais. Nombreuses sont, en 1789, les places royales en projet, dédiées au souverain : Brest, Bordeaux, Nîmes... A Paris, pour des raisons fiscales et pour mieux contrôler les marges de la ville et les marginaux qui y vivent, l'administration – détestée – de la Ferme générale fait élever un mur d'octroi dont les quarante-cinq barrières sont construites en un temps record par Ledoux (de 1785 à 1788, date à laquelle Necker lui retire le chantier). L'architecte a vu grand, voulant que «des bureaux de commis deviennent [...] des propylées magnifiques». Leurs masses austères et nouvelles sont jugées d'un style «âpre et menaçant». Avant même la prise de la Bastille, à la veille du 14 Juillet 1789, la foule des émeutiers incendie ces temples de l'ordre fiscal. Et le XIXe siècle fera disparaître presque entièrement cette tentative de doter les portes de Paris de monuments modernes.

Appuyé par le ministre Calonne, Victor Louis entreprend une place Ludovise pour le port de Bordeaux (1784), sur l'emplacement du château Trompette. Au centre de l'immense hémicycle (300 m) était prévue une colonne portant la statue de Louis XVI. Les treize rues rayonnantes auraient porté les noms des Etats d'Amérique. Le voyageur anglais Young qualifia ce projet «d'une des plus splendides extensions urbaines que l'on pût voir en Europe».

C'est en ces termes que L. S. Mercier interpelle dans le *Tableau de Paris* l'architecte des *Barrières*, s'indignant «de voir les antres du fisc métamorphosées en palais à colonnes, qui sont de véritables forteresses». Leurs formes puissantes du «style le plus sévère et le plus décidé» ont été qualifiées d'«étrusques» à cause de l'emploi d'un ordre dorique «primitif». La barrière de Passy (à gauche) constituait l'entrée officielle du roi, arrivant de Versailles. Sa masse cubique trouée d'un exèdre voûté à caissons occupe le milieu du chemin. La scène représentée ici par Prieur montre l'émeute du 12 juillet 1789, qui a incendié les octrois. Cette barrière fiscale est supprimée le 1er mai 1791, ce qu'évoquent deux gravures montrant (en haut) la rotonde de La Villette, qui existe toujours, et l'entrée libre des marchandises à la barrière du Maine (en bas).

L'Académie d'architecture : l'antichambre de la nouvelle génération

Fondée par Louis XIV en 1671, l'Académie royale d'architecture est à la fois, en 1789, une société savante chargée d'élaborer la doctrine architecturale, une école et un organisme de conseil et de gestion des bâtiments royaux. Le nombre de ses membres demeure restreint et son mode de recrutement, la cooptation, reste soumis à l'agrément du directeur des Bâtiments du roi (sorte de ministre des Beaux-Arts). A la fin du XVIIIe siècle, l'Académie comprend une trentaine de membres et une douzaine de correspondants. Son rôle d'enseignement est fondamental : un académicien, nommé professeur d'architecture, donne un cours hebdomadaire, ouvert à tout «honnête homme». Dès le début du XVIIIe siècle est mis en place un concours annuel (comme à l'Académie de peinture et de sculpture), permettant au lauréat du Premier Grand Prix de séjourner à Rome, à l'Académie de France, afin de se former aux antiquités classiques. Seuls les élèves de l'Académie, ou bien les étudiants agréés par un académicien, ont le droit de participer au Grand Prix, auquel des exercices mensuels, les concours d'émulation, les préparent.

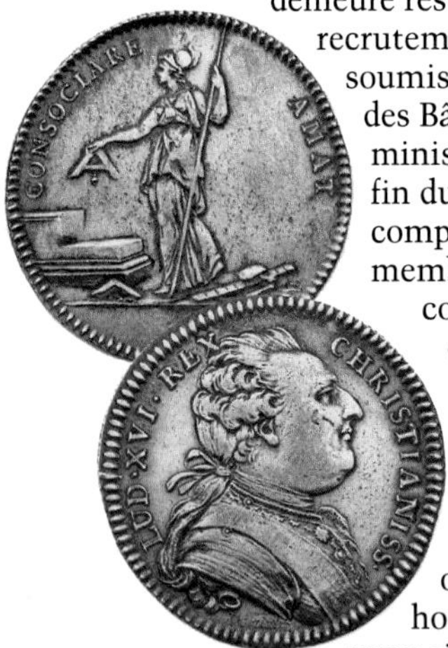

Les programmes, qui vont du simple sujet d'architecture à la grande composition, couvrent à la fois l'architecture religieuse, l'architecture privée, l'architecture commémorative et, dans une plus faible mesure, l'urbanisme. C'est dans la seconde moitié du siècle qu'apparaissent de grands programmes d'édilité publique (bibliothèques, hôpitaux, prisons, établissements d'enseignement, etc.), dont l'influence sera forte dans le milieu architectural.

Jean-Jacques Lequeu, «dessinateur en architecture» qui a travaillé dans l'agence de Soufflot, a laissé un traité manuscrit, *l'Architecture civile.* Véritable inventaire des tours de force du graphiste, l'ouvrage témoigne, dans la lignée de l'*Encyclopédie*, de l'obsession d'une production technique soumise aux codes, condamnant la main à être une machine à dessiner.

« On voi [sic] sur ce dessin des instrumens [sic] à l'usage de celui qui dessine au trait, qui ombre; enfin qui fini [sic] et termine une représentation géométrale où [sic] perspective sur du papier, avec le soin et la propreté du bon dessinateur. »

Lequeu, 1782

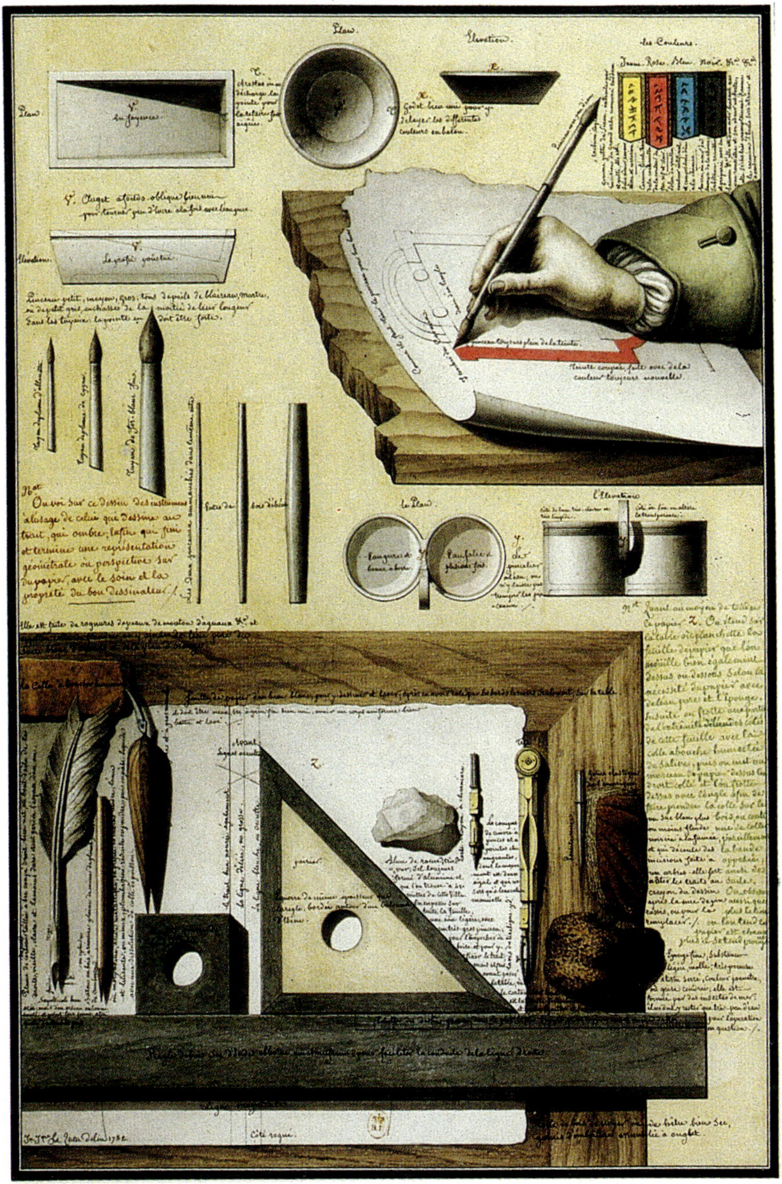
Plan.
Elevation.
les Couleurs.
Jaune. Rose. Bleu. Noir.
le Plan
l'Elevation
Nota. On voit sur ce dessin des instruments a l'usage de celui qui dessine au trait, qui ombre, enfin qui finit et termine une representation geometrale ou perspective sur du papier, avec le soin et la propreté du bon Dessinateur./.
Citi rogué.

Dès 1757, l'Académie a établi un règlement faisant obligation aux élèves d'exécuter une copie réduite de leur projet, conservée ensuite par la Compagnie, et, en 1787, Prieur lance la publication, gravée, de la collection des Prix depuis 1774. La Révolution n'interrompt nullement la parution des premiers cahiers édités sous le titre adapté à l'actualité : *Prix que la ci-devant Académie d'architecture proposait et couronnait tous les ans.*

Rien d'étonnant que Thomas de Thomon, ancien élève, emporte en Russie en 1799 des projets des années 1783-1785, qu'il présente comme les siens et signe de son nom !

Bien que Boullée n'ait jamais été professeur à l'Académie, son influence sur le choix, sur la rédaction des programmes et sur les jugements est prépondérante, ainsi qu'en témoigne le «scandale» du concours du Grand Prix de 1778, dont le sujet était une prison. Vingt-huit des concurrents réclament dans une pétition que les épreuves soient annulées : «Depuis plusieurs années, l'un des académiciens est comme en possession de proposer pour le Grand Prix des programmes qui sont acceptés ; parmi les élèves concourants, il en est un auquel cet académicien prend l'intérêt le plus vif [il s'agit de J.-P. Gisors] : les seules lois de la bienséance ne devraient-elles pas en pareil cas l'empêcher de proposer des programmes ? Les soupçons se trouvent confirmés par la sensation qu'a produite dans la dernière séance de l'Académie l'esquisse du protégé, plusieurs académiciens ayant avoué qu'ils n'auraient

Le concours annuel du Grand Prix avait lieu en deux étapes, sur un programme donné. D'abord, une esquisse «en loge», puis, pour ceux dont l'esquisse était retenue, le projet définitif de grande dimension, comportant plan général, coupes et élévations, à exécuter dans les deux mois. Ces dessins sont des démonstrations de virtuosité graphique, mais ne s'éloignent jamais pour autant des modèles académiques.

pu eux-mêmes composer et dessiner un projet si considérable dans l'espace de temps accordé.» Si l'Académie ne fait pas recommencer les épreuves du concours, le Grand Prix n'a du moins pas été attribué cette année-là à Gisors. Il ne l'obtiendra que l'année suivante...

En 1785, les élèves protestent de nouveau pour défendre Fontaine, dont les dessins présentés au Grand Prix leur semblent d'une qualité supérieure à ceux de Moreau, couronné pour son *Monument sépulcral pour les souverains d'un grand empire, placé dans une enceinte dans laquelle on disposera des sépultures particulières pour les grands hommes de la Nation...* Or le projet de Fontaine correspond totalement au monde visionnaire des dessins de Boullée. Devenu l'architecte officiel de tous les régimes qui se succèdent, de Napoléon à Louis-Philippe, il les reniera.

L'Académie de France à Rome et l'influence de l'Antiquité

Le «retour à l'antique» caractérise alors l'ensemble des arts. Les pensionnaires de l'Académie de France à Rome, qui effectuent en Italie le «Grand Tour», idéal de tout homme cultivé de la fin de ce siècle, participent largement à cet engouement. Les «envois» de Rome,

Pour son concours du Grand Prix de 1785, Fontaine, âgé de vingt-trois ans, compose un cimetière monumental, dont l'édifice principal évoque le tumulus du mausolée d'Auguste à Rome, et porte au sommet le char du Destin tiré par des coursiers. La coupe générale avec élévation du monument principal, dont on voit ici un détail, mesure en fait 2,75 m de long sur 0,76 m de haut. Par la magie des contrastes lumineux du lavis d'encre de Chine, Fontaine confère une dimension lyrique à son «rendu». Illustrant la «théorie du sublime», il fait éclater «l'effet d'un coup de tonnerre qui éclairait le sommet de la pyramide circulaire». Le jury voulant mettre un frein à cette effusion poétique, lui a refusé le Premier Grand Prix. Le jeune homme décidera pourtant de partir pour Rome en 1787 rejoindre son camarade Percier, après avoir obtenu une bourse (la pension du roi) grâce à des protecteurs.

Le chœur de l'église Saint-Sauveur à Paris, rue Saint-Denis, commencé par Poyet en 1786, évoque l'espace du Panthéon de Rome, et son éclairage à oculus central, qui a hanté l'imagination des architectes. Le dessinateur et architecte Baltard a réalisé cette gouache montrant l'édifice complet, alors qu'en 1789 il est toujours inachevé. Il sera détruit quelques années plus tard.

Inspiré de la fontaine de Commode à Rome, ce monument dédié à James Cook a été conçu en 1788 par Hubert Robert pour le vaste parc de Méréville. Le buste du navigateur est l'œuvre de Pajou.

auxquels ils sont astreints en contrepartie de leur séjour, sont jusqu'à la fin des années 1780 des projets de bâtiments modernes. La référence à l'Antiquité est longtemps passée par les textes antiques de Vitruve et par ceux de Perrault : étude des ordres, de l'ordonnance, de la symétrie.

Or, à partir de 1750, avec la découverte d'Herculanum et de Pompéi et avec l'étude des temples grecs d'Italie du Sud, naît dans l'Europe entière une curiosité nouvelle pour l'archéologie. Des architectes, tel Clérisseau, s'essaient au travail d'archéologues. David Leroy, autorisé à voyager en Grèce, publie en 1758 *les Ruines des plus beaux monuments*

de la Grèce. L'influence de Piranèse, architecte et graveur, est primordiale. En 1756, ses planches des *Antichità romane* donnent des monuments antiques de la «Ville» une interprétation visionnaire et préfigurent l'architecture ensevelie des projets de Boullée ou de ses émules. Ainsi, le Panthéon d'Agrippa, achevé sous Hadrien, constitue le modèle par excellence, associant le temple grec et la rotonde à coupole.

L'Académie voudrait tempérer cette mode. Des envois de Leroy et de Chalgrin, Marigny, le surintendant des Bâtiments, dit : «Je voudrais que nos architectes s'occupassent plus de choses relatives à nos mœurs et à nos usages que des temples de la Grèce.»

Peine perdue. L'évolution du goût pousse sans cesse vers l'Antiquité redécouverte. Dans les années 1750, à Paris, la décoration «à la grecque» fait fureur, et le *Voyage du jeune Anacharsis en Grèce* de l'abbé Barthélemy (1788) met la Grèce à la mode, comme le «souper grec» de Madame Vigée-Lebrun, portraitiste de la reine. Les publications à caractère archéologique se multiplient : en 1779 commencent à paraître des volumes qui constitueront de véritables répertoires comme le *Voyage pittoresque ou*

Exemple du «dessinateur-voyageur», Cassas, élève de Vien, le maître de David, joue les «reporters» des ruines de l'Antiquité. Après avoir travaillé en Sicile pour le livre de l'abbé de Saint-Non, il séjourne en Dalmatie en compagnie de Dufourny, puis se rend au Proche-Orient. Ses dessins sont gravés en 1799 dans le *Voyage pittoresque de la Syrie, de la Phénicie, de la Palestine et de la basse Egypte.* Parallèlement, Cassas constitue une importante collection de maquettes, ouverte au public en 1806 et acquise par l'Ecole des beaux-arts en 1813, éphémère préfiguration du musée d'architecture.

Description des royaumes de Naples et des deux Siciles, de l'abbé de Saint-Non, pour lequel de nombreux jeunes architectes dessinent et gravent des planches pendant que des dessinateurs relèvent les ruines de Grèce ou de Syrie, notamment à Palmyre. Enfin, en 1787, la nouvelle génération des académiciens, De Wailly, Pâris et Boullée (qui pourtant n'a pas fait le voyage en Italie), créent un nouveau règlement, auquel sont soumis les pensionnaires, leur imposant l'étude et la restitution graphique des monuments anciens. Percier, Bonnard, Fontaine et Vaudoyer sont les premiers à entreprendre des relevés de la colonne Trajane, des aqueducs et du théâtre de Marcellus. La Révolution surprend à Rome les pensionnaires

Dans cette aquarelle peinte à Rome (en haut), Vaudoyer s'est représenté lui-même, juché sur une échelle pour relever les mesures du théâtre de Marcellus.

Regroupant vases grecs, candélabres et bas-reliefs, Fontaine crée sur cette aquarelle (ci-contre) l'espace imaginaire d'un tombeau antique.

occupés à cette tâche de restitution. Au moment où l'Ancien Régime s'écroule, les «sublimes ruines», antiques, gothiques ou imaginaires, fascinent aussi ceux qui dessinent ou qui peignent – comme Hubert Robert – des jardins pittoresques, véritables «pays d'illusion», selon l'expression de J. Baltrusaitis. Elles inspirent enfin ceux qui, comme l'«écrivain-voyageur» Volney, vont méditer, à l'écart de la vie politique, sur les «révolutions des empires» (*Les Ruines*, 1791).

A partir de relevés faits en Italie, Percier (portrait de gauche, dessiné à Rome par son camarade le peintre Lethière) compose en 1797 cette maison romaine mêlant le pittoresque à l'antique.

Symbole du despotisme, la Bastille doit disparaître. La vieille forteresse du XIVe siècle, devenue prison d'Etat, était condamnée bien avant la Révolution. Dans l'enthousiasme qui suit le 14 Juillet 1789, l'édifice est détruit en quelques mois. Un an plus tard, on danse sur ses ruines «et les ris, l'amour, la douce sécurité, l'ardent patriotisme purifiaient en quelque sorte cette enceinte des crimes de la tyrannie».

CHAPITRE II
LES ARCHITECTES DANS LA TOURMENTE

Les pierres de la Bastille ne seront bientôt plus que des souvenirs... Pour fêter le 14 Juillet 1790, un immense arc de triomphe est élevé sur les bords de la Seine ; Hubert Robert le peint au moment où va éclater l'orage.

«Ici fut la Bastille», ou comment s'en débarrasser

L'entrepreneur Palloy a l'idée de vendre des souvenirs sculptés dans les pierres de la prison, dont il expédie une maquette témoin dans chaque département. De nombreux projets d'aménagement ou d'érection d'un monument de la «Reconnaissance» sont soumis à l'Assemblée : certains adoptent la forme de la colonne Trajane, avec une statue de Louis XVI (Cathala, Meunier) ou d'un obélisque (Mouillefarine); d'autres imaginent un temple de la Liberté, qui semble se dégager des ruines de l'ancienne prison (Legrand et Molinos, ou Prieur); d'autres enfin suggèrent d'y établir la jeune Assemblée nationale (Corbet, Combes).

Rien ne sera entrepris. Au concours de 1793, les suggestions se font plus précises : l'ingénieur Capron, soutenu par le député girondin Barbaroux, souhaite aménager l'arrivée du canal de Dieppe à Paris, et l'infatigable Palloy envisage un vaste quartier englobant l'Arsenal, mêlant les équipements urbains aux lieux «idéologiques» : sur la place seraient installées des salles de spectacle et d'instruction publique, tandis que, non loin, un «jardin de la Révolution» s'organiserait autour d'une «plantation figurant la Bastille». Finalement, à l'occasion de la fête du 10 août 1793, c'est une fontaine qui est érigée

Le spectacle de la démolition de la Bastille a tout naturellement fasciné Hubert Robert, le peintre des architectures en ruines, imaginaires ou réelles. Il en donne ici une interprétation préromantique.

C'est sur les débris des tours de la Bastille que Prieur propose d'élever un monument (ci-dessus, à gauche) combinant la tholos (petit temple à colonnes circulaire) et l'obélisque couronné par la Liberté.

❝ Nous avons donc revêtu d'un péristyle circulaire en colonnes la forme du monument, au sommet duquel s'élève un obélisque. L'ensemble serait supporté par les débris d'une des tours de la Bastille, où l'on découvrirait encore les restes d'un cachot. Ce soubassement rustique contrasterait avec les murs lisses qui, au-dessus, recevraient les lois conservatrices de la Liberté. ❞

Legrand et Molinos, projet de monument, 1791

sur ces débris de l'Absolutisme. En forme de statue égyptienne, personnifiant la Nature, elle domine l'endroit qui prend le nom de place de la Régénération.

Chateaubriand se souviendra quelques années plus tard, dans les *Mémoires d'outre-tombe,* de la destruction de la vieille forteresse : «La colère brutale faisait des ruines, et sous cette colère était cachée l'intelligence qui jetait parmi ces ruines les fondements du nouvel édifice.»

Le Grand Cirque : la fête de la Fédération

Première grande fête révolutionnaire à Paris, elle commémore l'anniversaire du 14 Juillet 1789. Sur proposition de Bailly, maire de Paris, la Constituante décide de rassembler tous les Français, parisiens et provinciaux, pour célébrer le pacte unissant la nation et le roi. Il s'agit de fédérer les quatre-vingt-trois départements récemment créés pour

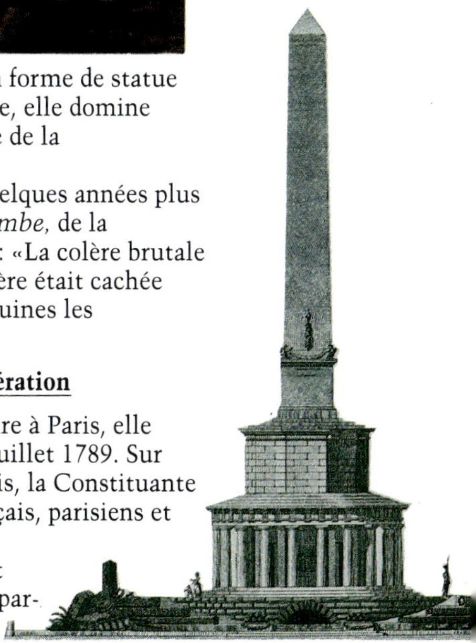

remplacer les anciennes provinces et d'exprimer la volonté nationale d'union.

Où rassembler les 14000 «fédérés» envoyés par les gardes nationales de toutes les localités françaises ? La place de Grève, où se déroulaient la plupart des rassemblements parisiens, est trop petite. On choisit le Champ-de-Mars, terrain de manœuvres devant l'Ecole militaire que l'on prolonge jusqu'à l'autre rive de la Seine, par un pont de bateaux. Différents architectes (Blondel, Poyet) ont soumis des

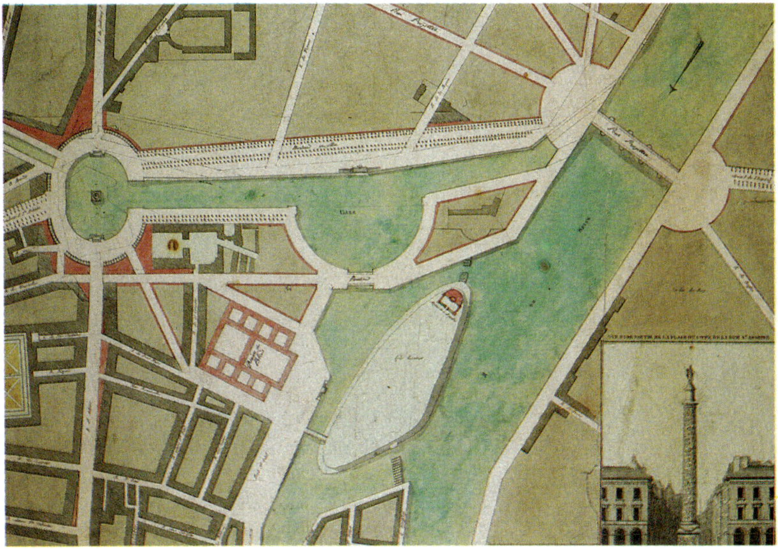

projets à l'Assemblée. La réalisation est principalement l'œuvre de Cellerier, chef de la Commission des Travaux Publics, qui imagine un arc de triomphe à trois baies.

Le parti architectural à prendre n'est guère évident : les références récentes, celles des fêtes de l'Ancien Régime, ne correspondent pas au caractère

Parmi les nombreux projets soumis spontanément par les architectes pour aménager la place de la Bastille, certains, comme celui de Mouillefarine (1790), imaginent d'interminables façades (en haut, à gauche) ; d'autres, comme Cathala (ci-dessus), restructurent le quartier et créent un canal.

Ce n'est pas sans étonnement que certains spectateurs viennent contempler en 1793 une figure égyptienne, éphémère colosse de plâtre assis sur ce qui reste alors de la forteresse de Charles V.

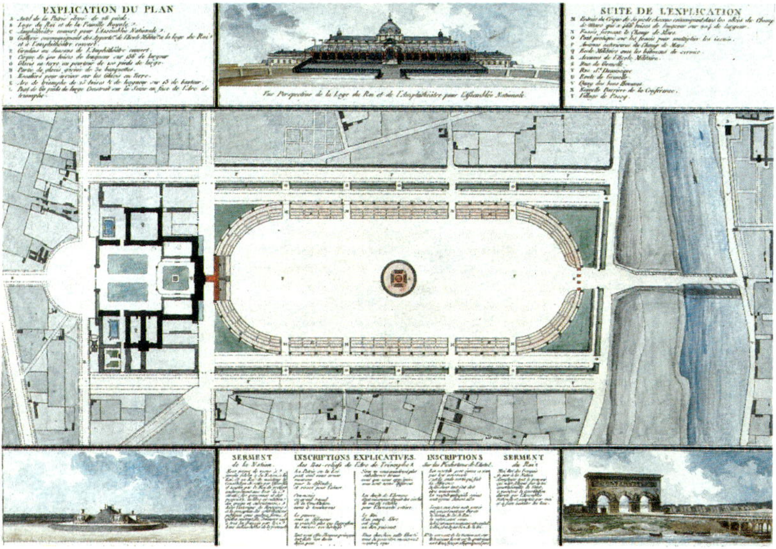

profondément civique et solennel de la cérémonie. L'idée qui hante les esprits est celle du cirque antique, notamment le Circus Maximus ou le Colisée à Rome.

Boullée, dans son *Essai sur l'art*, vante la grandeur des jeux romains magnifiant l'âme des citoyens : «Par un contraste [...] étonnant, les jeux du cirque soutiennent le courage des Romains. [...] Pourquoi ? C'est parce que les jeux étaient un plaisir national et que tout plaisir national élève et agrandit l'âme.» L'ordre amphithéâtral se prête donc parfaitement aux nécessités d'une fête nationale. Il permet à tous de voir la cérémonie ; et la vision du peuple ainsi disposé est elle-même dynamisante, comme l'indique le *Songe patriotique :* «Le plus beau de tous les

Le cirque de la Fédération au Champ-de-Mars, à l'aménagement duquel participent tous les Parisiens, est sans doute une œuvre collective de Mandar, de Blondel et de Cellerier. A droite (plan et tableau), l'Arc de triomphe, haut de 25 m ; au centre, l'Autel de la patrie, sur lequel Talleyrand célèbre une messe ; à gauche, la tribune qui regroupe la famille royale et les députés.

spectacles d'une grande fête, c'est le peuple même qui la contemple.» L'année suivante, en 1791, la commémoration n'a pas lieu, la fuite manquée du roi à Varennes ayant jeté un froid... Mais en 1792, elle rassemble 20000 fédérés qui, restés à Paris, vont jouer un rôle important dans l'insurrection du 10 Août et la chute de la monarchie.

Le Champ-de-Mars demeure jusqu'à la fin de la Révolution le théâtre d'événements importants :

Le *Colisée* de Boullée (à gauche, en bas), imaginé dans les années 1780, pour être situé à l'Etoile, aurait constitué le lieu de rassemblement des foules.

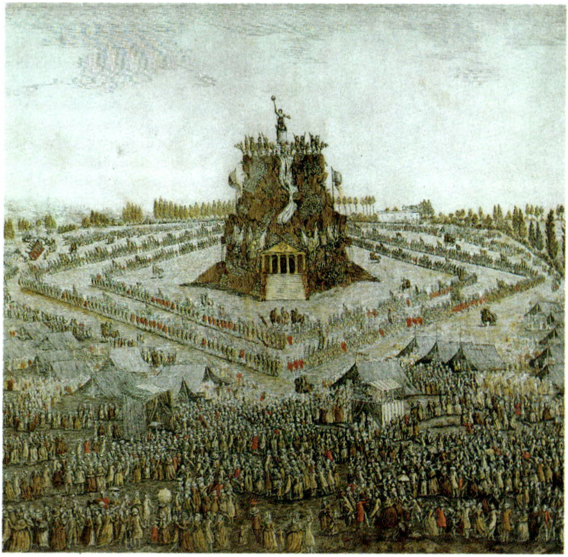

l'Autel de la patrie est ensanglanté le 17 juillet 1791 par le massacre des patriotes venus réclamer la déchéance du roi après Varennes ; il verra défiler les cortèges des fêtes révolutionnaires, dont celle de l'Etre suprême le 8 juin 1794. A deux reprises, il redevient le lieu d'un serment : celui des troupes à leur chef Napoléon, le 5 décembre 1804, au lendemain du sacre et, lors des Cent-Jours, le 1er juin 1815, au moment où l'Empire tente de faire accepter *in extremis* par les classes moyennes l'Acte additionnel.

Avant Paris, des fêtes de la Fédération rassemblent «le peuple en une seule famille». A Lyon, le 30 mai 1790 (à gauche), on bâtit une montagne contenant un temple de la Concorde, d'après les dessins de Cochet.

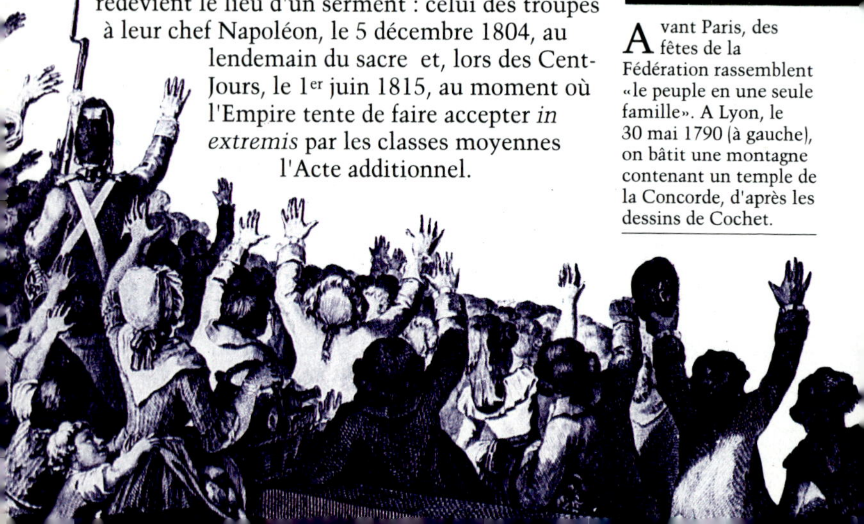

Le 6 juin 1790, a lieu à Lille une fête de la Confédération avec obélisques, autels et temples représentés ci-dessus par L.-J. Watteau, dit Watteau de Lille.

L'invention des salles d'assemblée parlementaire

Issues des Etats généraux réunis par Louis XVI en mai 1789 à Versailles, les Assemblées nationales gouvernent la France jusqu'à l'établissement du Consulat en novembre 1799.

L'Assemblée constituante siège d'abord à Versailles, puis suit le roi ramené à Paris en octobre 1789. L'Assemblée législative lui succède d'octobre 1791 à septembre 1792. La Convention

nationale, qui proclame l'abolition de la royauté et l'an I de la République, dure jusqu'en octobre 1795. A partir de cette date fonctionne une double assemblée, le Conseil des Cinq-Cents et le Conseil des Anciens, d'où émane le gouvernement du Directoire.

Il faut loger et faire fonctionner ces assemblées comprenant au début plus de 1000 députés. Les Etats généraux n'avaient pas été réunis en France depuis 1614; il n'existe donc ni salle ni modèle de référence pour accueillir, ou même concevoir l'accueil de cette institution. Pendant les dix années de la Révolution, les Assemblées déménagent de locaux dérisoires en locaux provisoires, tandis que se multiplient les projets de *Palais national*, à l'initiative des gouvernants : «A toute idée, il faut une enveloppe visible, à tout principe, il faut une habitation; une église, c'est Dieu entre quatre murs; à tout dogme, il faut un temple. Quand la Convention fut, il y eut un problème à résoudre, loger la Convention» (Victor Hugo, *Quatrevingt-Treize*).

La réunion des Etats a lieu à Versailles, dans une salle en bois, aménagée à cette occasion par l'architecte des Menus-Plaisirs, Pâris. La difficulté de

Témoin des derniers fastes de l'Ancien Régime, la grande salle provisoire et démontable, aménagée par Pâris pour les Etats généraux de Versailles, réunit les 1200 députés assis sur des bancs au même niveau (en haut, à gauche). Lorsqu'ils se placent autour du président, les députés modifient le sens de la salle, et donc du travail parlementaire (en bas, à gauche; ici, la nuit du 4 Août). La grande salle de la Convention (ci-dessus) aux Tuileries est la première salle disposée en hémicycle.

Probablement à l'occasion des concours de l'an II, Lequeu propose une salle d'assemblée primaire (pour les communes) qui reprend jusqu'à l'obsession le système amphithéâtral. Le dessin porte, au dos, ces mots signés d'un bonnet phrygien : «Républicains songés [sic] aux deux mots sacrés qui garantissent les décrets, la nation, la loi; la nation, c'est le peuple, c'est vous. La loi, c'est encore vous, c'est votre volonté.»

construire un dais solide pour le trône est d'ailleurs un des prétextes invoqués pour ajourner la première session. La salle est une immense basilique rectangulaire, entourée de colonnes doriques, avec un éclairage zénithal. Constitués en Assemblée nationale, les députés adoptent une disposition où le siège du président est installé sur une des longueurs. Le trône est supprimé, le législatif est définitivement séparé de l'exécutif.

Quand l'Assemblée quitte Versailles pour Paris en octobre 1789, elle s'installe dans un manège proche du Palais du roi aux Tuileries. Ce local rectangulaire est à nouveau aménagé par Pâris, qui complète les tribunes des petits côtés, destinées aux spectateurs des exercices équestres, par des rangs de banquettes en gradins. Le bureau du président est sur l'un des grands côtés, la tribune de l'orateur lui fait face.

En octobre 1791, Quatremère de Quincy, député de Paris et théoricien de l'architecture, note les imperfections de cette salle : «Très sourde, on y crie. [...] Tout le monde entre en fureur; elle anéantit la pensée qui n'a pour organe qu'une faible voix.» Et pourtant, la parole des législateurs doit s'entendre : n'établissent-ils pas l'«Evangile humain», selon le député Kersaint ?

Le 10 août 1792, le roi est suspendu. C'est dans le palais des Tuileries, désormais vide, qu'est installée la nouvelle Assemblée du peuple souverain, qui élit domicile dans la «salle des machines» de l'ancien théâtre. La Convention inaugure en mai 1793

C'est une basilique austère qu'imagine Leconte pour le Conseil des Cinq-Cents au Palais-Bourbon (vers 1795); les députés sont vêtus de leur habit bleu à ceinture tricolore, de leur manteau rouge. Le projet réalisé, avec Gisors, reprendra en fait la disposition en hémicycle. Un dessin de la façade projetée montre une colonnade circulaire dans l'axe du pont de la Concorde, encadré de colonnes monumentales.

ses nouveaux locaux : une réalisation à l'économie, circonstances obligent, due à Gisors. Une première salle, la salle de la Liberté, donne accès, par un porche à lourdes colonnes doriques, à la salle des Séances : un plan semi-circulaire à gradins selon le modèle de l'amphithéâtre de chirurgie de Gondoin. Celle-ci est immense, envahie parfois par la foule; elle contient les 760 représentants du peuple, dont le nombre va décroissant pendant la Terreur. Cette fois, le bureau du président fait face à l'Assemblée et domine la tribune de l'orateur. Les murs imitent le marbre jaune et vert antique, les ornements sont en faux bronze et imitation de porphyre, le plafond est une toile tendue. Cette salle, où se sont déroulés, dans une atmosphère «méphitique», les épisodes dramatiques de la Convention, sera démolie en frimaire an XI (novembre-décembre 1800).

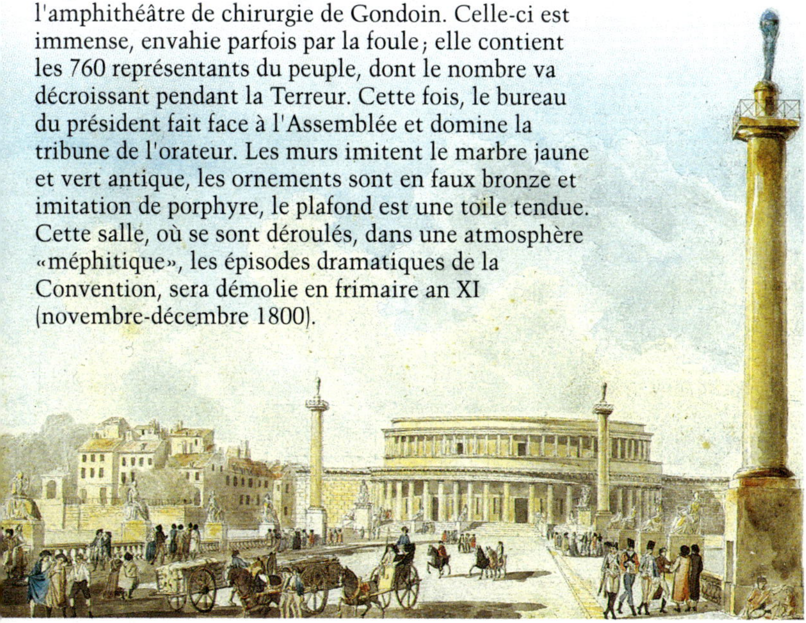

Mais, avec elle, le modèle définitif des salles d'assemblée parlementaire est fixé : on parlera de «droite» à «gauche» (par rapport au président) et non plus de haut (la Montagne) en bas (le Marais).

La Constitution de l'an III (1795) crée deux assemblées : le Conseil des Cinq-Cents et le Conseil des Anciens. Il faut les loger : les Cinq-Cents au Palais-Bourbon et les Anciens au premier étage des Tuileries dans le pavillon central, tandis que le Directoire exécutif occupe le palais du Luxembourg.

Pendant les travaux d'aménagement du Palais-Bourbon, les Cinq-Cents siègent dans l'ancienne salle du manège, et les Anciens dans l'ancienne salle de la Convention, la salle du premier étage des Tuileries s'étant révélée trop petite. C'est Gisors et Leconte qui réalisent les travaux d'aménagement du Palais-Bourbon, sur le modèle désormais fixé de l'hémicycle, proche de celui que nous connaissons. L'Assemblée s'y installe le 21 janvier 1798.

Des projets pour le peuple souverain

Pour toute cette période, il existe de multiples projets, non réalisés, conçus à la demande des autorités, présentés aux Salons, ou dessinés librement par leurs auteurs. Multiples, mais possédant des caractéristiques communes.

Jusqu'à la chute de la royauté, ils associent très souvent Palais national et place Royale au Palais du roi. Quant aux emplacements, les propositions

En 1791, les architectes Legrand et Molinos proposent de se servir du chantier de la Madeleine (en cours) pour construire l'Assemblée. Le porche à colonnes reprend la forme d'un temple (ci-dessous). L'intérieur de la salle (en haut, à droite) est dominé par le tableau du *Serment du Jeu de paume* de David, les tables des lois et le globe terrestre sur lequel flotte le génie de la Liberté. Le projet a été soutenu par le député Kersaint, dans son discours du 15 décembre 1791 sur les monuments publics, et publié avec des gravures l'année suivante. Le programme essaie de répondre aux exigences nouvelles de la vie parlementaire qui naissait alors : circulation des députés, fonctionnement des groupes de travail, présence du public.

foisonnent. Certains envisagent d'occuper les terrains de couvents : Pâris, et aussi Petit-Radel, projettent un palais national en 1790 aux Capucines ; P. Rousseau inscrit son palais sur la rive gauche, aux Augustins. D'autres s'implanteraient sur des sites symboliques, tels que la Bastille, la place du Carrousel, le Louvre (De Wailly poursuit, pendant toute la Révolution, son rêve d'un «Grand Louvre-Palais national» qu'il expose au Salon de 1796) ou l'église de la Madeleine en cours de construction (avec les projets de Legrand et Molinos de 1791).

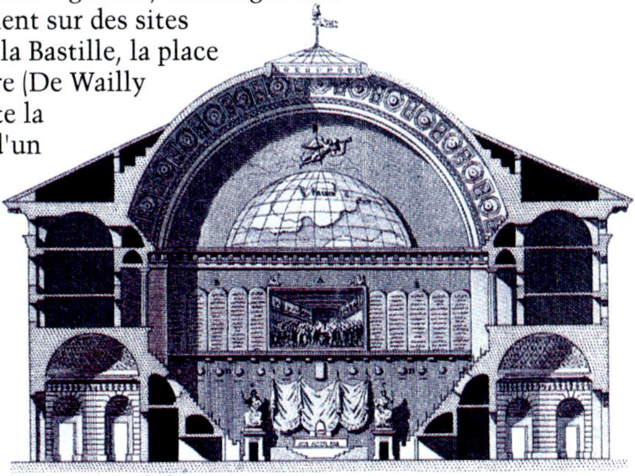

Dans la lignée du Palais national dessiné par Boullée, les bâtiments doivent refléter la majesté de la nation souveraine. Un de ses émules, Combes, Grand Prix de 1781, soumet à l'Assemblée une salle couverte d'une «immense voûte en hémisphère qui [...] représente l'état du ciel le 15 juillet 1789, époque mémorable de notre liberté ; ce sera la date astronomique qui transmettra le plus sûrement à la postérité cette révolution heureuse.»

Sur l'emplacement de la Bastille, le Bordelais Combes propose d'édifier un palais national (ci-dessous), édifice circulaire couvert d'un dôme, vision parfaite mais peu réaliste, issue des programmes idéaux de l'Académie, sans les aspects pratiques de la salle conçue par Legrand et Molinos.

Au salon de 1789, De Wailly expose un projet d'aménagement du Salon carré du Louvre, sur lequel figure, à gauche, dans l'embrasure, le dessin lui-même et le buste de l'architecte.

Nouvelles institutions, nouveaux espaces

La suppression des Académies royales et la mise en place de nouvelles institutions correspondent à un courant d'idées déjà prépondérant dans la seconde moitié du XVIIIe siècle. La sensibilité artistique n'est pas l'apanage de spécialistes. Tout être humain est capable d'apprécier une œuvre d'art. C'est ce que défend David, au nom du Comité d'Instruction Publique, dans un discours à la Convention le 25 brumaire an II : «Votre comité a pensé qu'à cette époque, où les arts doivent se régénérer, comme les mœurs, abandonner aux artistes seuls le jugement des productions du génie serait les laisser dans l'ornière de la routine, où ils se sont traînés devant le despotisme qu'ils encensaient. C'est aux âmes fortes, qui ont le sentiment du vrai, du grand, que donne l'étude de la nature, à donner une impulsion nouvelle aux arts, en les ramenant aux principes du vrai beau.» Aussi, les fonctions des Académies sont divisées pour être confiées à des institutions nouvelles.

Le dernier concours du Grand Prix de 1793 est l'occasion de virulents débats au sein du nouveau jury national. L'esquisse de Ritter développe le projet d'une caserne «capable de contenir 600 hommes de cavalerie», édifice utile à la patrie en danger.

A l'inverse de l'Académie de peinture et de sculpture, l'Académie d'architecture n'était pas l'objet d'une hostilité particulière. Ouverte aux courants nouveaux, elle avait, dès février 1789, donné comme programme d'un prix d'émulation «un édifice pour assembler les Etats généraux d'une grande nation». Née de rivalités personnelles, et notamment de l'enjeu que représentait l'organisation du Salon, l'agitation gagne cependant l'Académie d'architecture.

Au printemps 1790, les élèves refusent de concourir pour le Grand Prix, sous prétexte que la Compagnie a rejeté leurs propositions de modification du règlement des concours; les académiciens auraient répliqué en parlant de l'attitude du directeur des Bâtiments du roi : «Monseigneur ne veut pas!» Pendant l'été 1790, David, de son côté, provoque la création de la Commune des Arts qui compte rapidement de nombreux architectes. Ils réclament la suppression des Académies et la responsabilité de l'organisation du Salon annuel.

Architecte et dessinateur parmi les plus doués de son temps, Charles De Wailly est représenté ci-dessus par son ami le sculpteur Pajou dont il a construit la demeure, contiguë à la sienne.

En février 1791, quelques académiciens-architectes présentent à l'Assemblée nationale un projet de réforme : une Académie nationale des Arts serait divisée en deux sections – Architecture d'une part, Peinture et Sculpture d'autre part. Proposition sans suite. Le 27 avril, un Conseil des Bâtiments civils composé de neuf architectes remplace l'Académie d'architecture pour la surveillance des bâtiments royaux. Le 5 août 1793, David, député, propose de supprimer purement et simplement les Académies. Pressée par les événements, l'Académie d'architecture demande un sursis, hâte le jugement du concours du Grand Prix. Le 9 août, c'en est fait : il n'y a plus d'Académies. Une période de transition s'amorce : l'enseignement est provisoirement maintenu (texte du 28 septembre 1793). Leroy

continue donc à réunir ses élèves dans une des salles du Louvre. Il crée un jury particulier pour les concours, où figurent Percier et Fontaine. La Société républicaine des Arts remplace jusqu'en 1795 la Commune des Arts.

Pendant ce temps, l'Académie de France à Rome fait également sa révolution : les architectes Delagardette, Tardieu et Lefebvre réclament la protection du représentant envoyé par l'Assemblée à Rome. La nomination d'un nouveau directeur, le peintre Suvée, provoque la colère de David, qui fait supprimer le poste en novembre 1792. En janvier 1793, c'est l'Académie de France à Rome même qui est supprimée par la Convention. Mesure dérisoire au regard des événements qui se déroulent à Rome : au même moment, le représentant français Hugou de Basville est tué par des émeutiers ; les pensionnaires sont contraints de s'enfuir.

Ce n'est qu'en 1802 que Suvée pourra rejoindre son poste à Rome, installant l'Académie à la villa Médicis.

L'Institut prend le relais

Le rôle de société savante que tenaient les Académies est rapidement repris par l'Institut national des Sciences et des Arts, créé en 1795 par la Convention. La loi du 3 brumaire an IV (1795) met officiellement en place des écoles où sont enseignées la peinture, la sculpture et l'architecture. A l'Ecole centrale des Travaux publics (future Ecole polytechnique), un «cours révolutionnaire», ou cours accéléré, est ouvert en novembre 1794. Monge y enseigne la géométrie descriptive, Baltard l'architecture, ensuite confiée à Rondelet. C'est là que seront formés les ingénieurs-architectes des constructions publiques.

Cependant, pas plus que l'ancienne Académie d'architecture, l'Institut n'a le monopole de l'enseignement et les ateliers-agences privés continuent à fonctionner : les architectes Leroy,

Louis Gasse, Grand Prix de 1799, concourt sur un programme de cimetière public proche de celui traité par Fontaine en 1785. Il choisit d'axer son projet sur une pyramide monumentale (à droite), flanquée de quatre porches à colonnes. Une fois de plus, c'est Rome, avec la pyramide de Cestius, qui fournit le modèle, mais les Français vont désormais mieux connaître l'Egypte, après le retour des savants et des artistes qui ont suivi l'expédition de Bonaparte.

La fusion des Académies en une seule société savante encyclopédique n'était pas nouvelle : en 1786, l'Académie d'architecture avait donné comme programme du Grand Prix (remporté par Charles Percier) «un édifice destiné à rassembler les académies considérées sous les trois divisions principales des connaissances humaines, à savoir les sciences, les lettres et les arts…» L'Institut, créé en 1795, et dont on voit ci-contre dans un dessin de De Wailly la salle aménagée au Louvre pour les séances, comprend 144 membres répartis en trois classes. La troisième classe est divisée en huit sections : quatre pour les lettres, quatre pour les beaux-arts (architecture, peinture, sculpture, musique et déclamation), chacune composée de six membres.

Ledoux, Peyre, Chalgrin, Raymond, Durand, Labarre, Vaudoyer, Bonnard, et surtout Percier et Fontaine, dirigent les plus importants.

Le concours du Grand Prix reprend en 1797 avec un projet de *Greniers publics* (remporté par Dubut, élève de Ledoux), en 1798 avec une bourse maritime (Clémence), en 1799 avec un cimetière public (Gasse), enfin en 1800, avec un projet

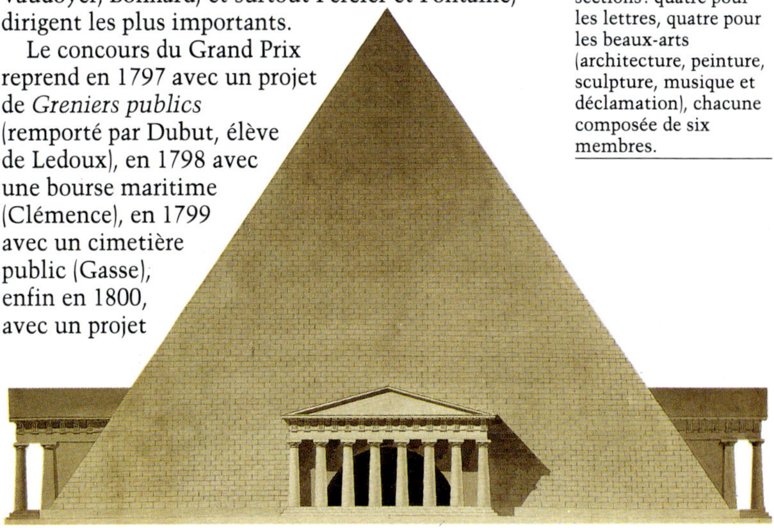

d'Ecole nationale des Beaux-Arts (Vallot, élève de Durand).

A partir de 1795, c'est le Conseil des Bâtiments civils, mis en place par le ministre de l'Intérieur, qui reprend la fonction consultative tenue autrefois par la ci-devant Académie.

Auguste Cheval de Saint-Hubert, Grand Prix de 1784, est représenté ici à Rome en 1787, par son camarade Drouais, l'élève de David. Devenu beau-frère du célèbre peintre, il participe, sous le nom de Hubert, aux travaux commandés par le gouvernement révolutionnaire pour les Tuileries et pour les fêtes publiques. Il reniera David après Thermidor.

Des «architectes-citoyens»

Avec la Révolution, toutes les conditions de travail des architectes ont changé. Leur ancienne clientèle, déchue ou émigrée, disparaît brutalement. Mais la vente des biens nationaux, énorme mouvement de spéculation immobilière dans lequel ils sont souvent impliqués, leur apporte de nouveaux clients, de nouvelles commandes.

Avec les fêtes révolutionnaires se développe une architecture éphémère – décors patriotiques de bois et de plâtre, toiles peintes –, laissant toute liberté à l'imagination. Enfin, depuis la suppression des Corporations et des anciennes Académies, toutes les règles du métier sont bouleversées : il suffit de payer patente sans avoir à faire preuve de la moindre formation professionnelle – d'où les abus d'entrepreneurs sans scrupules.

Liés à tout le mouvement des Lumières, parfois par le biais de la franc-maçonnerie (comme De Wailly ou Louis), les grands architectes adhèrent aux idées nouvelles. Avant même que la République ne lance concours ou projets, ils conçoivent de nouveaux édifices. Les années de la Révolution sont bien une période de création et d'intense production dessinée. Anciens académiciens, anciens Grands Prix, ou simplement anciens élèves de l'Académie royale, toute la génération formée dans les années soixante-dix est confrontée aux événements.

A partir de la chute de la monarchie, quelques-uns s'engagent aux côtés du gouvernement

Au plus fort de la Terreur et de la guerre, le bâtiment et les métiers d'art sont confrontés à une crise de la commande (gravure de droite), qui ne reprendra progressivement que sous le Directoire.

Artiste le plus célèbre au début de la Révolution, le peintre David s'engage dans la lutte contre l'Académie, puis, élu député à la Convention, siège aux côtés des Montagnards, fait partie du gouvernement de Robespierre, au Comité d'Instruction Publique, et conçoit les décors et les cortèges des fêtes. Il entreprend le *Serment du Jeu de paume* et peint les martyrs de la République. Echappant de peu aux purges thermidoriennes, il doit faire son autocritique en prison, puis il se consacre à son enseignement et à la peinture d'histoire, avant d'illustrer la gloire de Napoléon.

révolutionnaire, comme Hubert, ancien Grand Prix de 1784 et beau-frère de David. D'autres fuient ou s'éloignent discrètement en province. Les situations sont très diverses ; bien souvent ils affrontent de graves problèmes matériels, leurs travaux antérieurs n'étant pas réglés. Bélanger, l'ancien architecte du comte d'Artois, frère du roi, se débat dans les ennuis financiers ; il est incarcéré à Saint-Lazare, en même temps que Hubert Robert. Libéré, il essaie de vendre la collection de moulages architecturaux de son ami le sculpteur Lhuillier.

Ledoux et Boullée rédigent leurs traités

Ledoux, l'architecte des barrières de Paris évincé par Necker, est un révolutionnaire modéré, partisan de réformes prudentes. Il ambitionne d'être nommé à l'Académie lorsque la suppression de cette dernière lui enlève tout espoir. Il est arrêté le 29 novembre 1793 ; on lui reproche à la fois d'avoir travaillé pour la Du Barry,

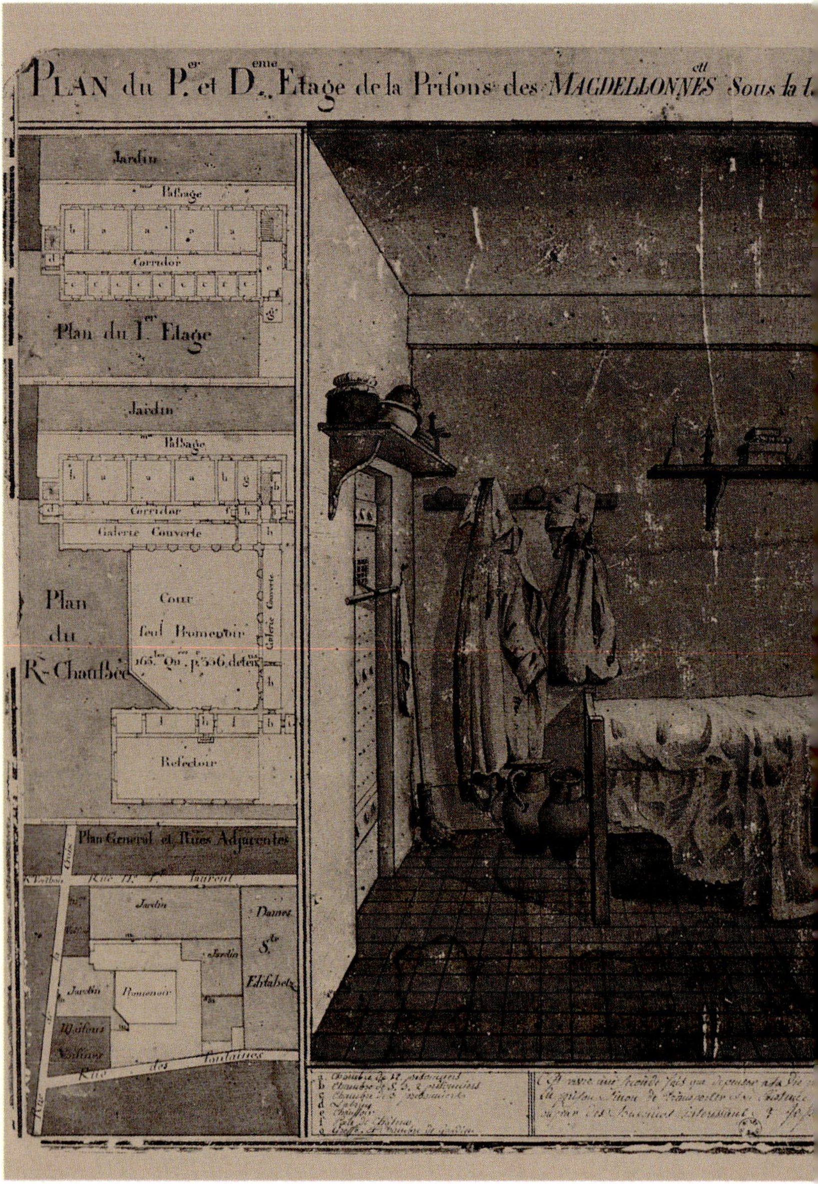
PLAN du Pᵉʳ et Dᵉᵐᵉ Etage de la Prisons des MAGDELLONNES
Jardin
Paſſage
Corridor
Plan du 1ᵉʳ Etage
Jardin
Paſſage
Corridor
Galerie Couverte
Cour
ſeul Promenoir
Plan du Rᶻ-Chauſſée
Refectoir
Plan Général et Rues Adjacentes
Jardin
Dames Sᵗᵉ Eliſabeth
Jardin
Promenoir
Rue des Fontaines

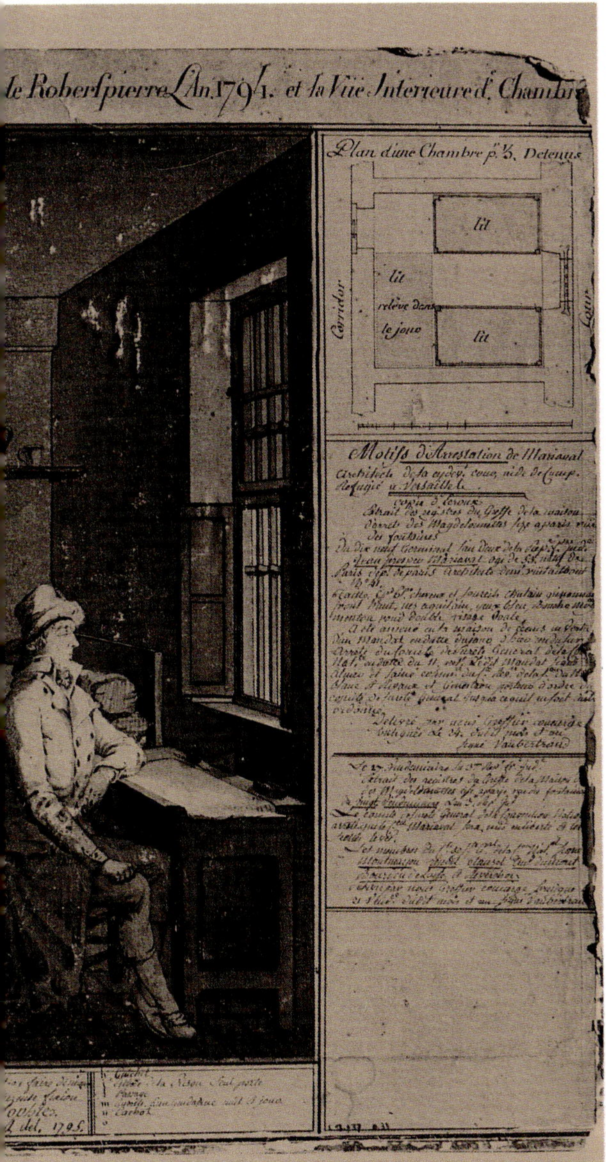

Enfermé dans la prison des Madelonnettes en 1794, l'obscur architecte Mariaval s'est représenté dans sa cellule; autour de ce dessin, il a tracé le plan de sa prison et écrit les motifs de son arrestation. Autre architecte emprisonné, plus célèbre celui-là, Ledoux a profité de son «séjour» pour continuer à écrire son traité d'architecture. Au dire d'un de ses compagnons de captivité, «il ne parlait et ne rêvait que de colonnes au cinq douzième». Publié en 1804, son livre conserve la marque de l'angoisse qu'il a vécue alors; une note dramatique rappelle : «Je suis interrompu... la hache nationale était levée, on appelle Ledoux, ce n'est pas moi; une conscience, mon heureuse étoile me le dictaient : c'était un docteur de Sorbonne du même nom. Malheureuse victime!... Je continue...»

et de s'obstiner à réclamer un dédommagement pour ses *Barrières* (pourtant classées monuments de la République !). Il fait valoir au Comité de Salut Public le caractère révolutionnaire de son œuvre et lui offre des plans d'institutions agricoles, de bains publics, etc. Relâché en janvier 1795, il consacre la fin de sa vie à la rédaction de son manuscrit et à son impression.

De huit ans son cadet, Boullée avait surtout travaillé pour une clientèle privée ; académicien depuis 1780, célèbre pour ses projets visionnaires, il s'était consacré à l'enseignement. Gravement malade pendant l'année 1790, il se retire à Fleury-sous-Meudon. En 1792, il présente au gouvernement un projet de *Palais national*. Le 5 août 1793, il assiste à la dernière séance de l'Académie d'architecture. Le 24 octobre, il dépose son diplôme d'académicien à la Commune des Arts ; il est nommé suppléant au Jury national des arts. Cette même année, il lègue à la nation ses dessins et ses manuscrits (aujourd'hui à la Bibliothèque nationale). En 1795, il est nommé membre de l'Institut, qui vient d'être créé. Il se définit à la fois comme artiste et comme citoyen, et jusqu'à sa mort, en 1799, il ne cesse de travailler à la rédaction de son *Essai sur l'art*.

Autres architectes engagés au côté des gouvernements révolutionnaires : De Wailly, dont on disait que «la Révolution convenait à ses principes et la République à son caractère», et son élève Poyet, ancien architecte du duc d'Orléans. Celui-ci réalise une forge à canon pour la Convention en guerre, ce qui ne l'empêche pas d'être dénoncé comme contre-révolutionnaire ; il devra se justifier dans un long mémoire, où il se déclare «architecte jacobin».

Il n'est pas le seul : la pratique est courante. Antoine, architecte de la Monnaie est accusé d'avoir fait préparer un souterrain menant à la Seine, pour permettre le transport secret d'or vers... l'Angleterre ! Incarcéré, il est rapidement libéré.

D'autres, plus malheureux, périssent sous la guillotine : Moreau-Desproux, architecte

Bien après la Révolution, en dénonçant les tripotages des Bâtiments civils, Lequeu s'en prend successivement à Brongniart, accusé de vol, à Bélanger «grand amateur de roués de cour», au «démoniaque» Poyet qui aurait suivi la charrette de Mme Chalgrin conduite à l'échafaud, à Dufourny, «fameux pillard aux pays où il a pacés (sic)»... et autres.

Réfugié pendant la Terreur chez des amis, dans le domaine de Vauclusotte, proche du Havre, Pâris, l'ancien architecte des Menus-Plaisirs, s'aménage un «pigeonnier», à la fois cache et retraite savante, où il dessine, classe ses projets, traduit des ouvrages de botanique.

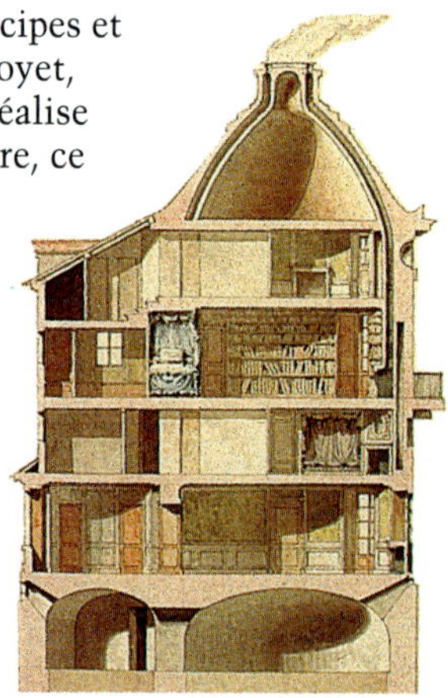

Bélanger revendique, au nom de l'article XIX de la Déclaration des droits de l'homme, une juste indemnité compensant la saisie de sa maison.

de la Ville de Paris, en 1793 ; Mique, premier architecte du roi, poursuivi par la haine personnelle d'un imposteur qui prétendait être son frère, est exécuté en 1794 ; à Lyon, J.-A. Morand, qui a beaucoup bâti dans la ville, est condamné pour avoir coupé un pont aux troupes de la Convention.

Certains se dispersent en province ou à l'étranger dans l'attente de jours meilleurs : Brongniart va travailler à Bordeaux (du printemps 1793 à janvier 1796) et se plaint de ne pas trouver de dessinateurs, les jeunes gens étant partis à la guerre de Vendée, Gondoin se cache près de Melun ; Pâris, familier de Louis XVI, responsable des aménagements des premières salles d'assemblée, quitte Paris après la chute de la royauté, et se réfugie près du Havre, continuant à dessiner des projets de châteaux... et un monument expiatoire à son roi. Les jeunes Fontaine et Bonnard partent pour l'Angleterre, et Dufourny, fixé en Italie depuis 1782, ne rentre en France qu'en 1794.

Si elle a bousculé les situations établies, la Révolution a aussi permis à certains dessinateurs et collaborateurs d'agences d'accéder au statut prestigieux d'architecte. Ainsi, les travaux modestes de Jean-Jacques Lequeu témoignent de ce rêve. Ses planches dessinées et ses manuscrits, soigneusement réunis (et également conservés à la Bibliothèque nationale), reflètent tous les bouleversements de l'époque et composent le plus émouvant traité de dessin autobiographique.

Base formée des debris de la Bastille.
Egide; par elle tous les efforts ennemis rendus impuissans.
Frontispice.

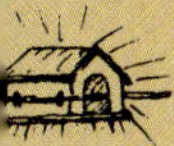

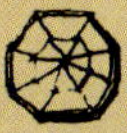

Grandeur et servitude...

Lequeu, «dessinateur en architecture», est employé à des tâches subalternes; en 1790, il dessine les détails de la tribune royale du Champ-de-Mars et imagine un nouvel ordre symbolique où la colonne est faite de l'image d'un despote enchaîné (ci-contre). En 1794, il participe aux concours de l'an II. Ses projets reflètent, jusqu'à la saturation, l'allégorie du verbe et du signe révolutionnaires.

«Et nous aussi serons mères, car...» : telle est l'insolite légende de cette religieuse libérée par l'architecte sans-culotte.

balance ; égalité des droits /.

faisceau d'armes ; par elle nous triomphons /.

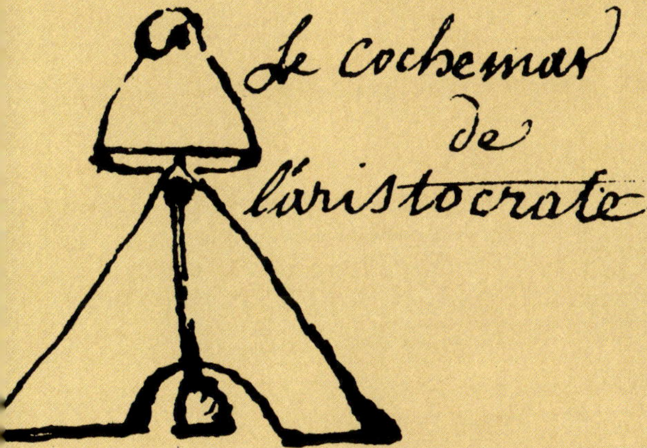

... du dessinateur en architecture

Exemples de cette référence systématique à l'iconographie révolutionnaire, le projet de l'Arc du peuple (à gauche) sur lequel a été ajoutée l'inscription «Dessin pour me sauver de la guillotine. Tout pour la Patrie», ou le dessin ci-dessous portant écrit en grec phonétique : «Il est libre»... Après les journées d'insurrections royalistes de Vendémiaire (octobre 1795), Lequeu certifie avoir rendu au dépôt sa «pique» de sans-culotte. Il finira son existence comme employé au Bureau des Bâtiments civils.

LA PATRIE-REND LEURS NOMS IMMORTELS. POUR
LART PREPARE EN CE LIEU LES ARMES A LA VALEUR.
RECOMPENSER. LEUR VALEUR
AN DE LA REPUBLIQUE FRANÇAISE VIII

La Déclaration des droits de l'homme et du citoyen du 24 juin 1793 affirme : «Le but de la société est le bonheur commun.» Contribuant, comme les législateurs, à «former l'homme nouveau», les architectes songent, eux aussi, à l'«épuration des mœurs», mais à la manière douce, par des bâtisses aux lignes pures et non par les instruments du pouvoir politique. Pendant cette période de réformes radicales, les utopies, nées des Lumières, continuent d'inspirer le sens de bien des discours.

CHAPITRE III
LA CITÉ IDÉALE

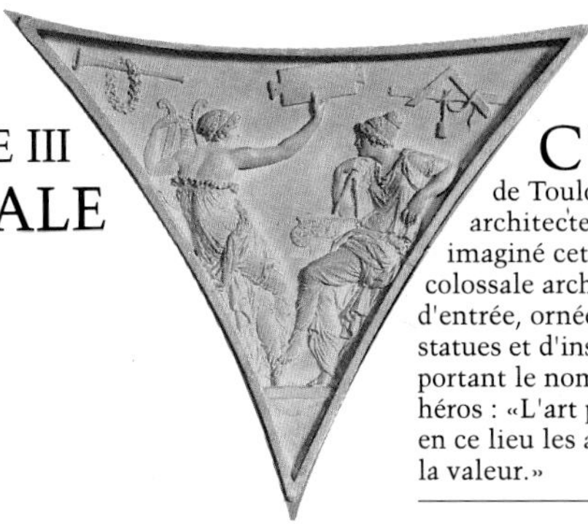

C'est pour l'arsenal de Toulon qu'un architecte a imaginé cette colossale arche d'entrée, ornée de statues et d'inscriptions portant le nom des héros : «L'art prépare en ce lieu les armes à la valeur.»

Les rêves de l'utopie enfantent des modèles

Dans son utopie de *Ville nouvelle*, Aubry regroupe la cité autour d'une vaste pyramide, lieu de refuge «dans les moments graves». Conçues en grande partie avant 1789, et mises au point pendant les années suivantes, les œuvres de Boullée et de Ledoux sont marquées par le choc de la tourmente qui a failli emporter les deux architectes, et dont témoigne leur style exalté : «L'architecture est à la maçonnerie ce que la poésie est aux belles-lettres; c'est l'enthousiasme dramatique du métier; on ne peut en parler qu'avec exaltation» (Ledoux). Obsédés par la transmission de leur pensée, tous deux consacrent leur temps – et tous leurs moyens – à laisser à la postérité une œuvre de mots et d'images qui semble compter davantage que ce qu'ils ont bâti.

Loin d'être «visionnaire» ou «fantastique», l'architecture de Boullée peut être lue comme «expérimentale», ainsi que le comprennent certains architectes d'aujourd'hui. De l'émotion provoquée par la nature naissent des concepts que Boullée essaie puis perfectionne comme modèles. S'il n'imagine pas une cité idéale, il regroupe logiquement des «types» d'édifices publics, prépare un recueil d'architecture privée et, sensible à l'écho des «conquêtes civilisatrices» de la République, évoque à la fin de sa vie l'expédition d'Egypte : il rêve d'une cité au plan «ressemblant à l'arbre de la science. D'un centre

“ C'est de la symétrie, l'image de l'ordre, que naissent les principes constitutifs de l'architecture, car toute disparité est révoltante dans un art fondé sur les principes de la parité. ”
Boullée,
Essai sur l'art

S'intéressant à l'architecture militaire, Boullée dessine ce fort et indique que «les intervalles de ces tours sont remplis par un amoncellement de boulets, en sorte qu'ils en sont encombrés; la porte qui lui sert de fermeture est annoncée par le bouclier d'Achille. C'est ainsi que par ces énormes amas de munitions de guerre, j'ai cherché tout à la fois, et à caractériser ce monument et à manifester l'art».

commun partiraient toutes les ramifications bienfaisantes, qui s'étendraient dans toutes les parties de l'Empire» – bien dans l'esprit du centralisme révolutionnaire ! Le vieux professeur souhaite une architecture enseignée à tous, et la rend même obligatoire pour les «hommes qui aspireraient aux grandes places dans l'Etat».

L'ambition morale et la volonté pédagogique animent également Ledoux, «imagination ardente» qui se fait écrivain. Son discours – souvent ésotérique – emprunte à la mystique de la franc-maçonnerie et trace un parcours initiatique. En retrouvant la simplicité des formes originelles (la cabane) et la pureté des mœurs primitives, l'architecte souhaite réguler les passions et assurer le bonheur de ses concitoyens. Lorsqu'il entreprend, en pleine Terreur, la rédaction de son ouvrage, il a depuis longtemps commencé à faire graver ses projets et les réalisations qui l'ont rendu célèbre. Mais il en simplifie de plus en plus les formes, adaptant l'œuvre passée au discours utopique.

Evoquant le vestige d'une ville antique dressé en plein désert, cette porte triomphale de Boullée impose une masse simple (une pyramide tronquée), traversée d'une arche cintrée. Seules les sculptures à la base et au couronnement de l'édifice, où règne le char de la Liberté tiré par dix chevaux, situent le projet dans l'histoire moderne.

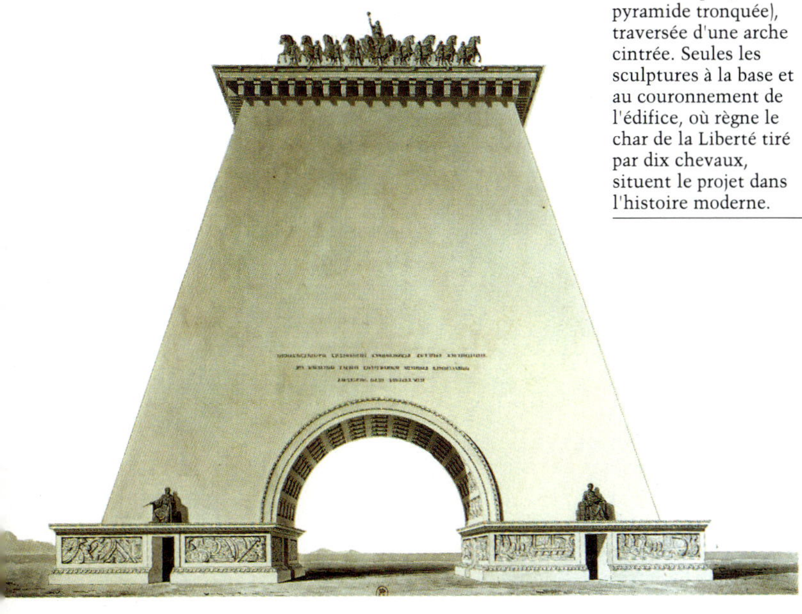

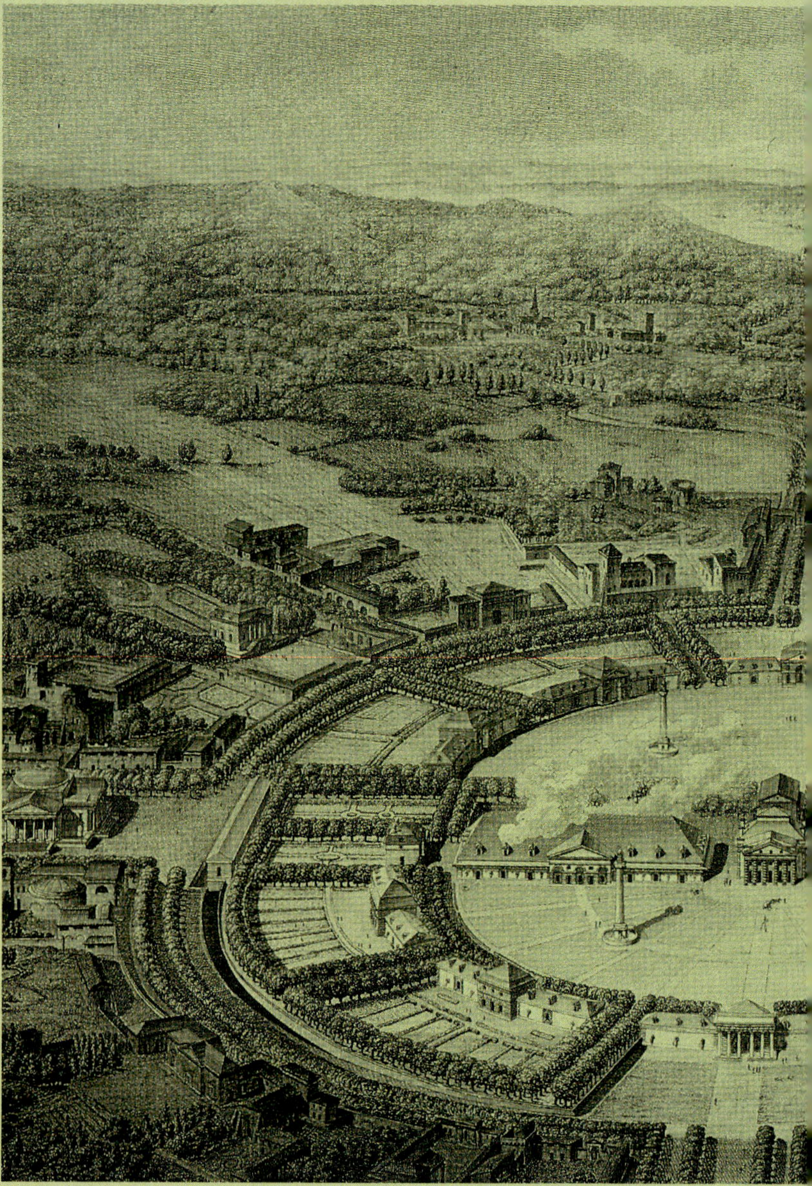

L'architecte démiurge

« L'architecte n'a-t-il pas un pouvoir colossal ? Il peut, dans la nature dont il est l'émule, former une autre nature ; il n'est pas borné à cette partie de terrain trop étroite pour la grandeur de sa pensée ; l'étendue des cieux, de la Terre est son domaine ; [...] il peut assujettir le monde entier aux désirs de la nouveauté qui provoque les hasards sublimes de l'imagination. »

Ledoux, *L'Architecture considérée...*, 1804

A partir des Salines qu'il a construites en 1774, Ledoux rêve d'une cité idéale, la ville de Chaux ; son projet est gravé avant la Révolution, et diffusé seulement en 1804 avec la parution de son traité.

« Avant que la nuit ne couvre de son voile obscur le vaste champ où j'ai placé tous les genres d'édifices que réclame l'ordre social, on verra des usines importantes, filles et mères de l'industrie, donner naissance à des réunions populeuses. Une ville s'élèvera pour les enceindre et les couronner. »

Ledoux

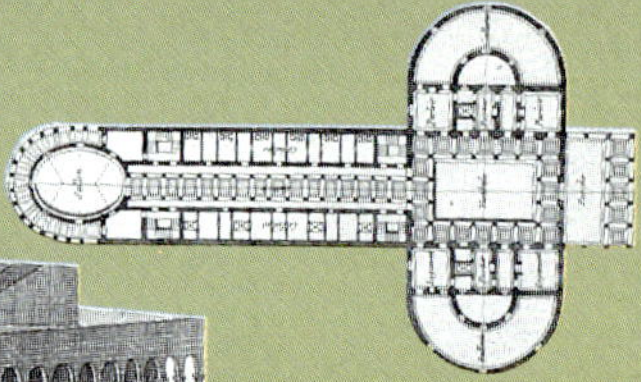

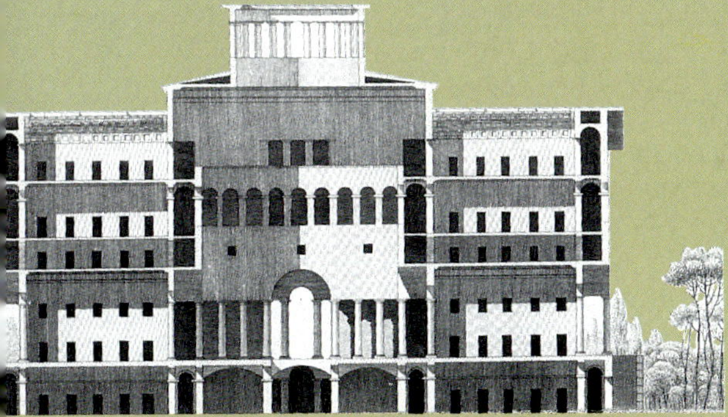

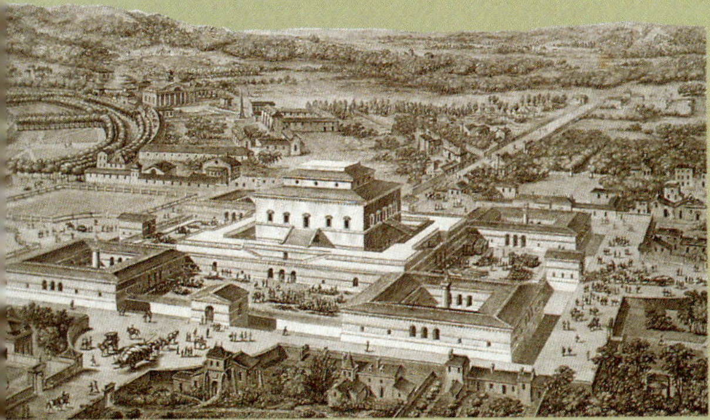

L'utopie, comme l'architecture, est une affaire sérieuse

A partir d'éléments géométriques purs (cube, sphère, cylindre, pyramide), Ledoux constitue le catalogue de la société : le «pacifère» pour régler les conflits, le «panaréthéon» pour enseigner la morale (au centre, à gauche), la «maison d'éducation» (ci-contre, haut et milieu), l'«oikéma» ou maison de plaisirs (à gauche). Avec un soin égal, il dessine tous les types ; un tel égalitarisme est inédit en architecture : «Pour la première fois, on verra sur la même échelle la magnificence de la guinguette et du palais...» Autour de la saline, il élabore une «emblématique» de la production et de la technique, comme pour la forge à canons (en bas, à gauche) ou le marché de Chaux (en bas, à droite). Cette démarche impose à la création une planification rigoureuse.

Vers un monde nouveau

Ainsi, alors qu'il construisait les Salines commandées sous Louis XV, il proposa à Turgot – ministre de Louis XVI – de bâtir une ville autour de l'usine. Demeuré à l'état de projet, le programme de la ville de Chaux s'articule comme une véritable «encyclopédie architecturale» où chaque fonction de la vie est concrétisée par un édifice aux formes et au caractère appropriés. On a remarqué combien son système correspond à la production rationnelle du travail de l'usine (ou de l'agence). Isolée du monde, comme la République de Platon, la ville de Chaux échappe en apparence au concept d'ouverture et de circulation hérité des Lumières et décrété par la Constituante. C'est qu'elle est tout entière consacrée à l'effort de production, dans l'harmonie.

«Il faut tout voir, tout entendre; ne rien dissimuler. Il faut que l'ouvrier ne puisse se soustraire à la surveillance à la faveur d'un pilier carré ou rond...» Un tel dispositif évoque le *Panoptique* décrit par Bentham en 1791. On a voulu faire de l'architecture de Ledoux un univers de la répression. Mais il s'agit d'un «ordre neuf à édifier», non d'un régime injuste à

❝ Eh bien, ce vaste univers qui vous étonne, c'est la maison du pauvre, c'est la maison du riche que l'on a dépouillé; il a la voûte azurée pour dôme et communique avec l'assemblée des dieux. Enfant du même père, il est héritier du même patrimoine, l'architecte du riche est le sien. ❞

Ledoux

«Comment eût-on pu oublier ce peuple laborieux, le véritable peuple?», s'interroge Ledoux qui conçoit les demeures des gardes agricoles du domaine de Maupertuis (ci-dessous) et une école gratuite d'agriculture (ci-contre), dont la gravure de l'an III montre un paysage inscrit dans un pont, à la Hubert Robert.

défendre. Seul le premier tome de l'ouvrage paraîtra en 1804, sous le titre explicite : *l'Architecture considérée sous le rapport de l'art, des mœurs et de la législation*. Le beau, le bien, le vrai... mais Ledoux n'aborde guère l'épineuse question des institutions politiques que Napoléon vient de mettre en place : la Révolution est bien finie.

L'utopie de Ledoux consiste aussi à croire en la diffusion de ses modèles ; dès l'an IX, il énonce, non sans fierté : «Les habitants des campagnes, éloignés des ressources des grandes villes, trouveront des distributions, des décorations variées ; les architectes, des motifs que leur génie multipliera ; les peintres, les décorateurs, des fabriques pittoresques.»

Lorsqu'il publie en 1803, avant Ledoux, *l'Architecture civile,* son émule Dubut contribue à répandre des formes d'édifices faciles à multiplier et dont les combinaisons obéissent aux lois géométriques. Les nombreux recueils gravés, notamment ceux de Krafft et Ransonnette, reproduisant des édifices construits – principalement des maisons de campagne, où l'imagination peut s'exprimer en dehors des contraintes du milieu urbain – vont aussi faire connaître dans le monde cette architecture de production et de reproduction. Ils préfigurent le système du leitmotiv calculé et combiné repris dans les années 1930 par les architectes du Bauhaus.

Régénérer les campagnes par un «luxe utile» et par une «beauté modeste»

Les paysans forment à la fin du XVIIIe siècle la très grande majorité de la population française et fabriquent l'essentiel de la richesse nationale. Améliorer leurs conditions de vie, c'est d'abord rendre plus dignes leurs lieux de travail et d'habitation ; on verra alors «l'Egalité applaudir au nouveau spectacle de la ferme rajeunie [...] et vengée enfin de l'ardoise orgueilleuse des châteaux», annonce Payan dans sa

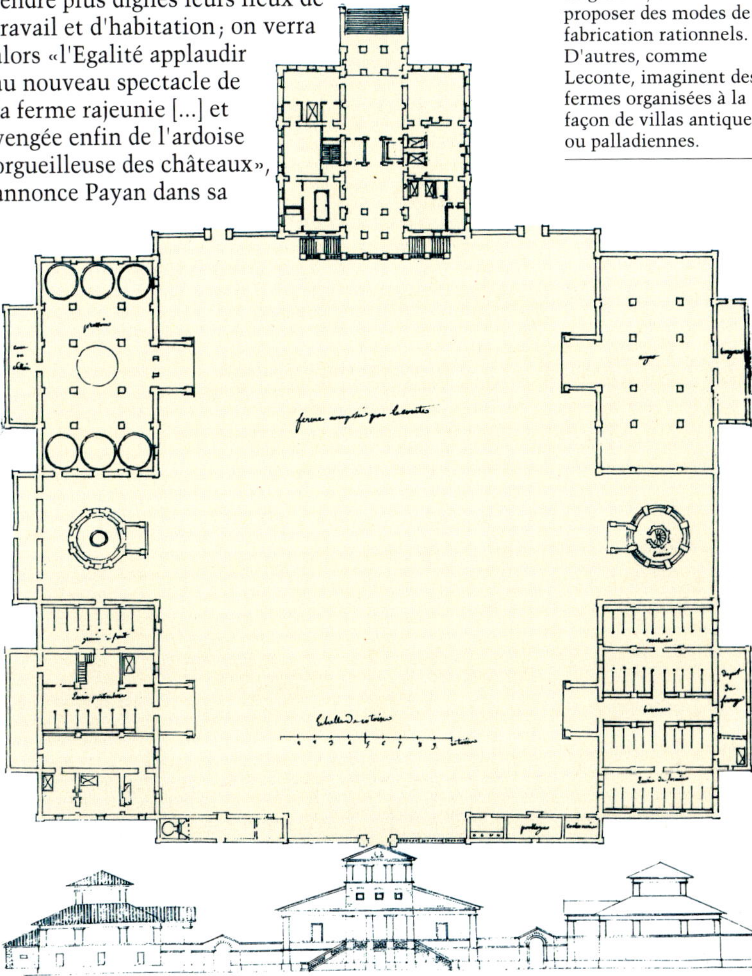

A nouvelles constructions, nouveaux matériaux. Depuis 1788, Cointeraux, «professeur d'architecture rurale», essaie de promouvoir la terre et le pisé (page de gauche) et de proposer des modes de fabrication rationnels. D'autres, comme Leconte, imaginent des fermes organisées à la façon de villas antiques ou palladiennes.

Commission d'Instruction Publique aux Artistes, an II. Le but est proprement révolutionnaire ; il tend aussi à répondre à une logique de production plus rationnelle, déliée des usages féodaux et des techniques ancestrales. Il est normal que le Comité de Salut Public ait décrété un concours, en mai 1794, pour «l'amélioration du sort des habitants des campagnes en proposant des moyens simples et économiques et des habitations plus commodes et plus salubres»...

Si «le vrai bonheur est dans les campagnes», l'architecte n'est pas invité à composer, dans un paysage pittoresque, des fabriques, «fermes ornées» ou «laiteries parées». Il s'agit d'établir, comme le propose l'architecte Leconte, un schéma d'exploitation agricole – ce que des gentilshommes physiocrates avaient tenté dans leurs domaines (ainsi La Rochefoucault à Liancourt). Tout cela préfigure les fermes expérimentales et les colonies agricoles du XIXe siècle.

L'architecture parlante : «le langage énergique des monuments»

Pour les hommes de la Révolution, «les murs doivent parler ; des sentences multiples doivent rendre nos édifices des lieux de morale»,

Datant probablement de la Terreur, cette aquarelle de Nicolle montre l'impressionnante façade du Club des bons patriotes de Toulon bordée de canons, vigilante architecture qu'encadrent, à droite, une église (propriété nationale à vendre) et un arbre de la Liberté, et, à gauche, une rue, amorce d'un urbanisme nouveau. Toulon, révoltée contre la Convention, se livre aux Anglais en août 1793; libérée par un siège au cours duquel s'illustre le jeune Bonaparte, la ville connaît la répression et prend le nom de Port-la-Montagne.

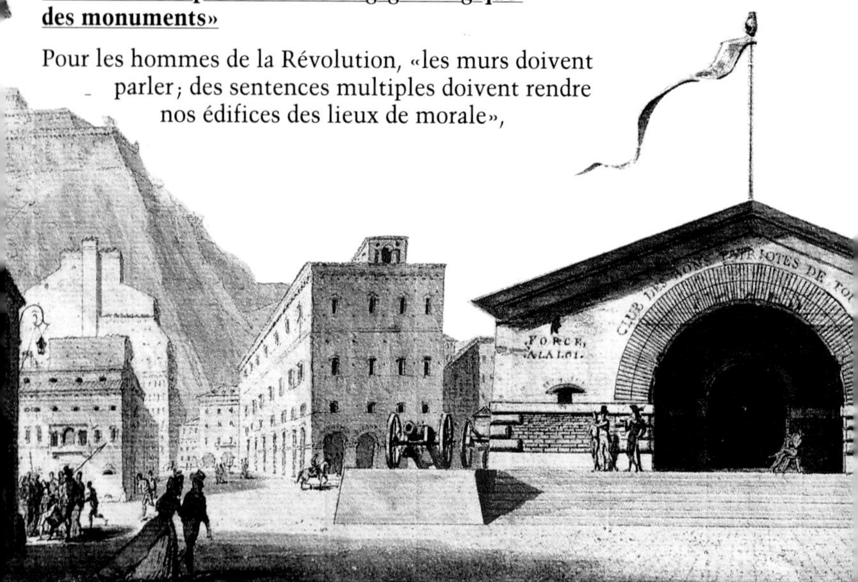

s'exclame Dufourny à l'occasion du jugement des prix en pluviôse an II (février 1794). Des façades d'Assemblées nationales à celles des clubs patriotiques, les édifices expriment, à l'aide des formes qui les composent et des ornements qui les rendent explicites, ce que l'«architecture parlante» cherchait au temps des Lumières. C'est le temps de la parole, déclamée à la tribune, criée sur les gradins ou imprimée dans les innombrables journaux qui paraissent. Dès l'élaboration des lois, pour les faire connaître et les perpétuer à la fois, on confie aux bâtiments le soin d'édifier les citoyens : les *Prytanées* de Legrand et Molinos (1791) veulent afficher partout la parole souveraine des décrets. Comme dans la poésie de Boullée, le langage constitue le matériau de l'édifice, à la façon de ces temples anciens recouverts d'épigraphie, «grands livres ouverts à l'Instruction publique».

Pour afficher les «lois et actes de l'autorité publique», Legrand et Molinos imaginent un type de monument original, les *Prytanées*, sortes de «tribunes parlantes» ou bornes civiques qui auraient été implantées un peu partout.

Le plus simple, parmi les trois modèles de Prytanées proposés, pouvait être réalisé pour les villages et les bourgs : «Chacun des pans a la forme d'une table arrondie par le haut, dans le style de celles où était gravée la loi de Moïse.»

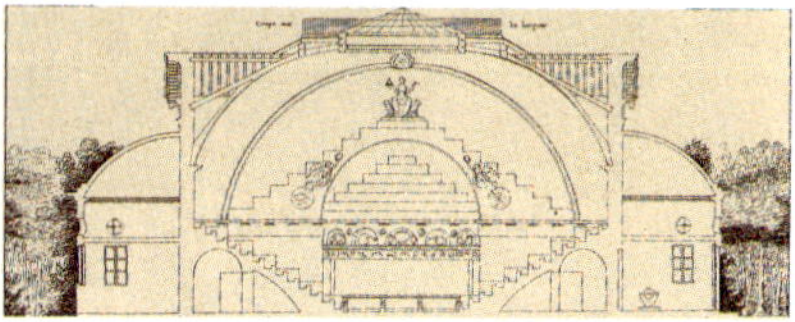

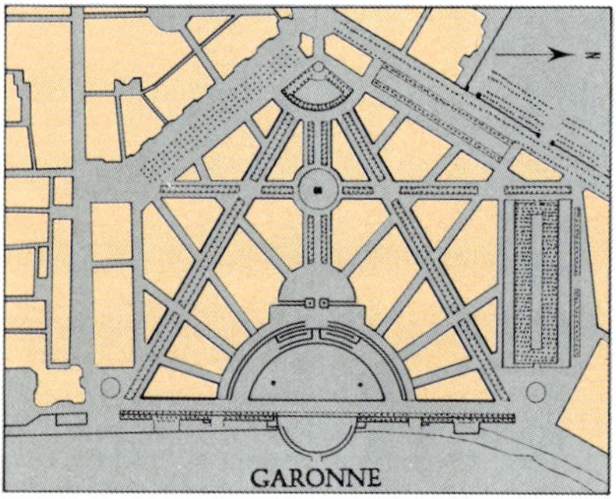

Sous la Terreur, certains architectes proposeront de transmettre «à la classe indigente des sans-culottes qui n'ont pas de bibliothèques, les traits historiques des grandes vertus républicaines». Les éléments empruntés au code néoclassique sont sollicités pour véhiculer un message qui a parfois du mal à être perçu des masses. On comprend l'angoisse de Poyet qui, ayant décoré les cheminées de ses forges des Invalides en autels antiques consacrés aux vertus républicaines, apprend que «des ignorants les ont pris pour des couronnes» !

Les nouvelles valeurs trouvent une traduction parfois inédite, témoin de la capacité d'invention et de la liberté – relative dans certains moments difficiles – que connaissent alors les architectes. A l'Egalité décrétée par la loi s'efforce de répondre l'égalité de l'aménagement des espaces et des volumes. On l'a vu pour les salles d'assemblée, on le voit pour les théâtres ou les salles aménagées – comme l'amphithéâtre construit au jardin des Plantes par Legrand et Molinos en 1795 (et encore utilisé de nos jours).

L'intérieur de l'amphithéâtre du jardin des Plantes de Paris (en haut, à gauche) conserve aujourd'hui encore le volume et le décor d'une salle révolutionnaire.
Le demi-cercle et le triangle égalitaire se combinent dans le projet d'aménagement du château Trompette à Bordeaux, de Laclotte et Rieutord; ce tracé urbain évoque l'œil dans le triangle, unissant le sacré et la raison, comme dans les symboles maçonniques.

L'égalité par la géométrie

Le parti général des monuments présente des surfaces unies, égales : le cube, le pentagone et surtout la sphère, employée dans les projets de temples de Sobre ou de Lequeu, après les créations de Boullée. Sans parler du triangle, ou niveau de l'Egalité, qui inspire, à une autre échelle, le plan de tout un programme urbain (à Bordeaux en 1800). Le géomètre montre la voie à l'architecte. Dufourny déclare au jury des concours : «Je suis d'avis que l'architecture doit se régénérer par la géométrie.» Il faut «parler patriotisme», c'est-à-dire mettre en adéquation l'idéologie et le programme des édifices. Soumettre le signifiant à la loi du signifié. D'où cette préférence pour «une intention révolutionnaire et opposée au système académique» qu'il convient de donner à la

Après les bombardements autrichiens de 1792, Verly propose à la municipalité de Lille un projet d'une place de la Reconnaissance. L'ensemble aurait comporté d'une part un Prytanée, d'autre part un théâtre, bloc massif évoquant une sphère coupée, et des bains du peuple, construits en contrebas ; un obélisque aurait constitué la figure de proue de cette composition urbaine surdimensionnée.

critique. On va jusqu'à affirmer que «dans l'architecture, les idées déterminent les sensations»...

Les débats du Jury national des arts, à l'occasion des concours de l'an II, font entendre cet appel de la «table rase», qui donne le vertige aux hommes de la Révolution. Le discours réaffirme pourtant le rôle du modèle de référence – les Anciens –, mais bien des formes et des combinaisons sont inédites, par leur extrémisme dans la composition. De volumes linéaires se dégagent des masses géométriques dont les plans s'opposent et créent un nouveau rapport de l'espace, même si l'échelle démesurée atteint, comme dans les projets de Verly, les limites de la naïveté emphatique. Les ordres classiques (avec le succès du dorique sans base, ou «ordre de Paestum») sont passés au crible de certaines critiques, comme le député Rafron qui juge de leur emploi sur les édifices de l'ancienne monarchie. Tandis que Ledoux, lui, annonce une ère où l'ordonnance serait «débarrassée de ses entraves, [de] ces emplois fragiles, ces ornements saillants que les tempêtes humides décomposent».

Bien que postérieures, ces casernes (ci-dessus), construites à Wurtzbourg par Speeth en 1811, sont l'un des exemples les plus frappants de l'architecture parlante. *L'Arc des sans-culottes* (ci-dessous) est un projet de Brongniart pour le concours de l'an II.

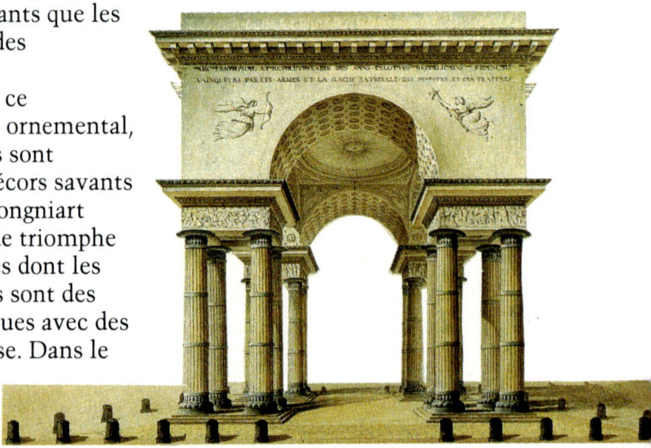

A l'opposé de ce «minimalisme» ornemental, certains édifices sont surchargés de décors savants ou concrets : Brongniart dessine un arc de triomphe des sans-culottes dont les fûts de colonnes sont des faisceaux de piques avec des boulets pour base. Dans le contexte de la patrie en danger et de la

Terreur, la Commune des Arts se soucie de choisir pour enseigne un bonnet phrygien, tiré d'une médaille de Brutus, «comme le vrai symbole de la Liberté»; elle en confie le dessin au jeune Percier. Elle décide aussi de modifier sa devise «Aux arts et aux armes» en «Aux armes et aux arts».

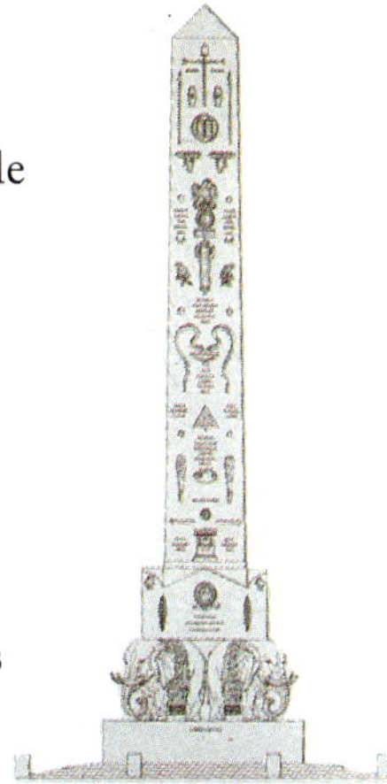

Ces projets pour les concours de l'an II montrent, à gauche, une colonne pour le panthéon de Chevalier, un obélisque pour la place des Victoires de Sobre (ci-dessus), porté par des éléphants comme l'arc de triomphe dessiné par Moitte (ci-dessous).

La République au secours des artistes : les concours de l'an II

En floréal an II, c'est-à-dire au printemps 1794, au plus fort de la Terreur, de la guerre et des difficultés économiques, la Convention nationale et le Comité de Salut Public, «dans un effort suprême», organisent une série de concours artistiques dotés de prix en argent, qui mobilisent un grand nombre d'artistes et tentent de leur apporter un soutien.

Les sujets proposés illustrent les besoins d'équipement et de propagande du gouvernement révolutionnaire : un arc de triomphe, une colonne aux morts pour la patrie dans le Panthéon, des arènes couvertes, un monument pour la place des Victoires, un temple à l'Egalité, des projets d'architecture rurale, des salles d'assemblées primaires, des temples décadaires, des maisons communes, des tribunaux de justice de paix, des prisons et des maisons d'arrêt, des théâtres nationaux, des fontaines et des bains publics.

Une centaine de participants présentent plus de 200 projets, soit 352 dessins et maquettes, sur la quinzaine de programmes proposés, dans un délai de deux mois. Trois raisons essentielles expliquent le succès de ce concours, la liberté de concourir, la nouveauté des sujets glorifiant la République

et l'intérêt des prix en argent dans une période économique difficile où la commande publique est rare. Parmi les concurrents, on trouve une bonne moitié d'anciens élèves de l'Académie, lauréats de Grands Prix : Bonnet, Thierry, Gisors, Durand, Sobre et Vaudoyer, Moitte, Percier, Fontaine, etc.

Participent également aux concours de nombreux provinciaux comme Cochet, C. E. Durand, ou un «dessinateur en architecture» employé au Cadastre, J.-J. Lequeu, et quelques autres qui resteront inconnus, comme un certain Vogel, dont on sait seulement qu'il s'intitule «architecte-serrurier». Si le titre d'architecte est devenu libre, la profession saura garder les commandes.

Le premier Jury des arts formé en octobre 1793 comprend une quarantaine de personnalités diverses : artistes, députés, hommes de lettres, mais aussi artisans, cultivateurs et acteurs. Les architectes sont Leroy, Rondelet, Hubert, Delannoy, Balsac, Poidevin, Lussault, Goust, Allais et Harou-Romain. Boullée fait

Réduite à une simple arcade, l'ouverture de la scène du «théâtre public et gratuit pour une grande ville de la République», de C. E. Durand, offre une solution inédite dans la typologie des fronts de théâtre, compromis entre le mur du théâtre antique et l'ouverture à l'italienne.

partie des suppléants. Les professionnels sont en minorité dans le jury, et peuvent parfois à juste titre soupçonner leurs collègues d'incompétence...

Le second Jury des arts, chargé de juger les concours de l'an II, formé en novembre 1794, après la chute de Robespierre, est plus réduit : vingt-sept personnes. Certains architectes s'en retirent pour pouvoir concourir eux-mêmes.

Les événements du 9 Thermidor, notamment l'emprisonnement de David, principale personnalité du monde des arts pendant cette période, retardent le jugement, qui a finalement lieu au printemps 1795, sous le Directoire. Le premier paiement des prix n'intervient qu'en 1798.

Dans son projet d'*Odeum national,* Bernard imagine une niche en cul-de-four, où se découpe le niveau égalitaire suspendu à une guirlande tenue par deux génies.

Et pourtant, c'est bien avec le concours de l'an II que s'affirment le principe d'un accès démocratique à la commande publique et les notions nouvelles d'une architecture publique et utilitaire. La nouveauté des sujets donnés, glorifiant la République, a en outre fourni l'occasion à certains artistes de prouver leur civisme. La moitié des projets porte d'ailleurs sur les quatre programmes les plus patriotiques : arcs de triomphe, colonnes, monument de la place des Victoires, temple à l'Egalité. Loin d'être tous irréalisables ou hors échelle, plusieurs d'entre eux auraient pû être édifiés et contiennent le germe d'une production féconde d'édifices officiels, au siècle suivant. Le premier prix est attribué au temple de l'Egalité de Durand et Thibault, deux élèves de Boullée qui reçoivent le prix de 7 000 livres et dont la maquette figure au Salon de 1799. Ce sanctuaire aux formes inédites aurait constitué le musée en image de la Révolution française, moderne pinacothèque dans laquelle figureraient, entre autres, les portraits des deux martyrs de la Liberté, Le Peletier (tombé sous les coups d'un royaliste) et Marat (frappé par le couteau de Charlotte Corday), peints par David. Plus tard, au moment de graver le projet, le mot

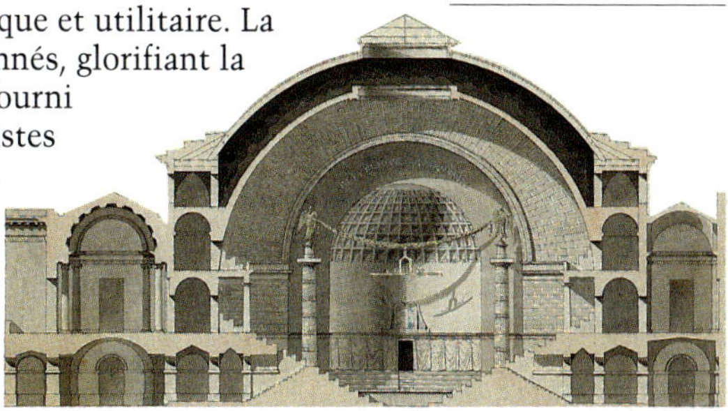

ÉGALITÉ est remplacé, sur cette architecture «parlante», par ceux de FÉLICITÉ PUBLIQUE.

Des temples dont les colonnes sont des vertus

Modèle par excellence, le temple antique a constitué le point de départ des réflexions théoriques, archéologiques, du discours architectural du XVIIIe siècle. Les temples à colonnes et à fronton, tels qu'on peut en voir alors à Rome, dans le sud de l'Italie, en Grèce, mais aussi en Provence, constituent l'idéal. Comme les décors de théâtre, les parcs sont peuplés de sanctuaires païens et d'édifices dédiés à l'Amitié, à l'Amour, à la Sagesse, dans un parcours ponctué d'autels votifs. Le pittoresque élabore de véritables paysages philosophiques exaltant les vertus morales. Le culte des grands hommes – avec les projets de musées ou de temples à la renommée – illustre également la volonté d'édifier le genre humain. De grandes églises sont converties en temples de la Mémoire ou dédiées – au moment de la déchristianisation – au culte de la Raison, avant d'être consacrées à l'Etre suprême. Certains programmes de temples à la Nature ou à la Raison, comme celui de Boullée, tentent de figurer les mystères de la nature dans un chaos de rochers enveloppé d'une sphère pure bordée de colonnes : le sauvage minéral s'oppose ainsi à l'ordre de la Raison, créant le «sublime».

Les hommes de 1789 veulent perpétuer les acquis du régime en train de naître : les projets de monuments à la Liberté foisonnent, dont beaucoup ont la forme de temple. Chacun a pu, de son coup de pioche, participer à la démolition de la Bastille ; de même, à la suite du lancement d'une souscription nationale proposée par l'architecte Thierry afin d'édifier un temple de la Liberté, chacun pourrait verser deux sous par an, pendant dix ans.

En l'an II, à côté des déesses Liberté et République, vient s'imposer l'Egalité. Elle seule est le gage de la «Félicité publique». En octobre 1793, le graveur et

A. F.  A.

Le projet de temple à l'Egalité de Bonnet est signé d'un rébus jouant sur son nom : Antoine François Bonnet Architecte.

« Sur le sommet d'un roc est un temple, simple par sa décoration, fort par sa forme et son empâtement. De droite et de gauche, sont taillés dans ce roc des chemins qui [...] seraient appelés chemin de la Vertu et chemin de la Raison ; il faut y passer pour arriver au temple de l'Egalité. Sur le milieu du roc est Hercule se reposant après ses joyeux travaux ; [...] au bas de ce roc est une caverne où sont enchaînés le Crime et la Tyrannie. Le temple est couronné par la Victoire. [...] Sur l'esplanade qui est en avant, serait formé un boulingrin, où l'on pourrait réunir les cafés épars dans les Champs-Elysées, pour toujours attirer les citoyens vers ce lieu. »

Bonnet

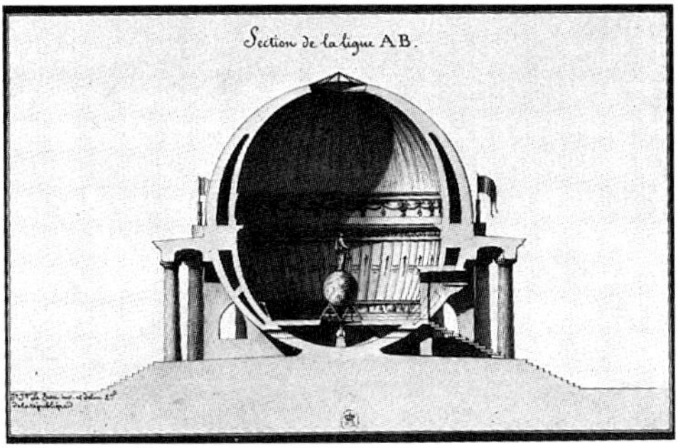

député à la Convention nationale, Sergent-Marceau, propose de lui édifier un temple. Le concours de mai 1794 donne, entre autres programmes, un temple à l'Egalité, sur les Champs-Elysées (dans les jardins Beaujon, bien national, aujourd'hui ceux du palais de l'Elysée). Parmi les projets connus, certains surprennent (celui de Bonnet, par exemple) ; un seul s'impose par la simplicité de son architecture parlante : celui des lauréats Durand et Thibault. Il porte au frontispice la clé du programme : «LES VERTUS DU PEUPLE SONT LES PLUS FERMES SOUTIENS DE L'ÉGALITÉ.» Ces vertus sont matérialisées par les piliers qui soutiennent le toit, terminés par des chapiteaux en forme de têtes où sont inscrits leurs noms : CIVISME, CONCORDE, TRAVAIL, ÉCONOMIE, SAGESSE.

Cette architecture ne correspond à aucun modèle précis, ne se réfère à aucun ordre classique. L'intérieur du temple abrite la statue de la Félicité publique entourée des images des principaux

Le temple de Lequeu (ci-dessus) est une sphère enchâssée par un péristyle dorique et bordée de drapeaux tricolores. Très remarqué, le projet lauréat de Durand et Thibault (ci-dessous) a été probablement copié plus tard par l'architecte néoclassique de Munich, Leo von Klenze.

En juillet 1791, Combes construit pour le département de la Gironde les tribunaux civil et criminel de Bordeaux (ci-dessus) dans les communs de l'ancien archevêché, actuel hôtel de ville.

Boullée a conçu, en hommage à la Nature, un temple circulaire (à droite, en bas), dont la coupole hémisphérique recèle l'espace chaotique d'un cratère de rochers d'où émerge une statue de l'Artémis d'Ephèse. La pure colonnade semble naître de ce rapport entre Nature et Raison.

événements. «C'est alors, écrit W. Szambien, que la structure constructive du temple devient l'illustration d'une idée politique.»

Sur le même programme, Lequeu imagine un «sanctuaire elliptique dont l'extérieur est sphérique, qui contient, juchée sur un globe, la statue de l'Egalité en équilibre entre deux niveaux». L'édifice est à rapprocher du dessin de temple à la Terre où chacun, en franchissant la porte, passe sous l'inscription ÉGALITÉ SAINTE.

Couverte d'une représentation des continents, la sphère se retrouve sur d'autres projets comme le temple à l'Immortalité de Sobre, datant de l'an VI, dont le demi-globe terrestre se reflète sur l'eau d'un bassin, ou le temple décadaire de Durand et Thibault, destiné à la lecture des actes de l'autorité publique (les décadis, jours de repos remplaçant les dimanches dans la semaine de dix jours du calendrier républicain).

Les fonctions de la vie publique sont donc sacralisées, et les lieux dignifiés. On parle de temple de la Concorde ou de la Justice pour le tribunal; le temple de la Gloire sera le seul édifice du genre, commencé sous l'Empire par Vignon, sur le chantier de l'église de la Madeleine. Les lieux fondateurs ne sont pas oubliés. A la fin de la période révolutionnaire, en l'an IX, Saint-Far propose de transformer le Jeu de paume de Versailles en temple du Serment, oubliant le vœu jadis formulé par André Chénier dans son ode :

«Peuple, de tes élus cette retraite obscure
Fut la Délos. O murs ! temple à jamais fameux,
Berceau des lois ! sainte masure !
N'allons pas d'or, de jaspe, avilir à grands frais
Cette vénérable demeure ;
Sa rouille est son éclat. Qu'immuable à jamais
Elle règne au milieu des dômes, des palais.
Qu'au lit de mort tout Français pleure,
S'il n'a point vu ces murs où renaît son pays.»

Devant la salle désormais historique du Jeu de paume, l'architecte Saint-Far prévoit de construire un portique de temple. A gauche, l'élévation propose une double niche couronnée d'un fronton sans base ; à droite, la coupe montre un parti proche de la structure d'un atrium de maison romaine.

<u>Les bâtiments au service de la République</u>

En mettant à bas l'édifice juridique et administratif de l'Ancien Régime, la Constituante a fondé de nouvelles institutions auxquelles les bâtiments publics vont devoir correspondre, dans leur caractère, comme dans leur programme. Se calquant sur une loi désormais unique et égale, l'architecture officielle définit les premiers modèles qui seront reproduits sur tout le territoire.

Des simples justices de paix aux tribunaux criminels, on confère aux lieux l'«austère républicain» qui convient au style des temples de la Concorde et de la Loi. Norry propose même un mobilier à l'antique et fonctionnel, tandis qu'à l'occasion des concours, Lequeu, Durand et Thibault ou Vignon imaginent des édifices modestes dont certains pourront être standardisés dès l'Empire par les Bâtiments civils. Avant les lois d'exception instituant les tribunaux révolutionnaires (de mars 1793 à mai 1795), le Code criminel définit les prisons non plus comme des lieux de sûreté publique renfermant les individus dangereux mais comme des établissements où le citoyen coupable subit un châtiment pour se racheter, notamment par le travail.

Pour le nouveau Grand Prix de 1797, Dubut, élève de Ledoux, dessine ces *Greniers publics* dont la longue élévation à arcades rythmée de pavillons aveugles préfigure l'architecture utilitaire des casernes, des marchés, des bâtiments civils; l'architecte a situé son bâtiment au bord de la mer, pour mieux permettre le transport des denrées, à la lisière d'une ville dont les édifices correspondent à un urbanisme géométrique plus proche des villes hellénistiques que des ruines romaines.

L'architecture des hôpitaux et celle des futures écoles est en revanche négligée, à l'exception de quelques projets : une école centrale (le futur «lycée») par un élève de Delannoy, une maison d'éducation par Silvestre, et l'aménagement, après 1795, de l'Ecole clinique, rue des Saint-Pères, par Clavareau.

Les hôtels de ville, rebaptisés maisons communes ou assemblées primaires, sont l'occasion de projets originaux (Lequeu, Normand pour la ville de Melun); Boullée conçoit en 1792 un palais municipal, parfait exemple d'une «architecture utilitaire». Diffusés par les recueils de Détournelle, de Dubut et de Durand, ces projets donneront naissance aux halles, marchés, hospices, casernes, à programme rationnel. Désormais entre les mains des ingénieurs et des fonctionnaires des Bâtiments civils, l'architecture publique va faire triompher l'art de construire avec économie, à défaut de celui de construire avec art.

«Paris, ce point lumineux du globe, ce foyer d'où s'échappent sans l'épuiser des torrents de lumière, Paris vous est confiée... Qu'elle devienne l'Athènes moderne, et que la capitale des abus, peuplée d'une race d'hommes régénérés par la liberté, devienne par vos soins la capitale des arts.» Les gouvernements révolutionnaires successifs ont le souci d'embellir les bâtiments existants et d'en construire de nouveaux. Car édifier des monuments, c'est aussi édifier les contemporains.

CHAPITRE IV
LE GRAND CHANTIER

En l'an IV (1796), la fête de la Liberté réunit les célébrations du 14 Juillet 1789, du 10 Août 1792 et des 9 et 10 Thermidor. Brongniart propose les décors d'un vaste diorama sur le Champ-de-Mars, où l'on aurait représenté les quatre grandes dates de la Révolution.

Une des premières opérations importantes, en 1791, est la transformation de l'église Sainte-Geneviève en Panthéon. Quatremère de Quincy, assisté de Soufflot le «Romain» et de Rondelet, dirige le projet. Il fait disparaître les deux clochers, obture les fenêtres afin d'obtenir une lumière plus tamisée convenant à la majesté du lieu. Au fronton est inscrit, à la place de la dédicace latine de l'église, «Aux grands hommes la patrie reconnaissante». Le programme de Quatremère de Quincy était beaucoup plus complet, mais il ne fut pas réalisé, et d'autres projets seront présentés dans les années suivantes, notamment celui de De Wailly qui envisage d'ôter le dôme et de transformer le tambour à colonnes en temple ouvert.

En 1793, pour l'ouverture du Muséum (l'actuel musée du Louvre), De Wailly en projette l'entrée (ci-dessus. En 1796, il dessine la cour Carrée du Louvre, bordée d'un portique circulaire. Sur le pavillon de l'Horloge : le télégraphe de Chappe.

Monuments publics et gouvernement révolutionnaire

Après l'institution de la République en 1792, le Comité de Salut Public et le Comité d'Instruction Publique prennent la décision de tracer un programme d'embellissement de Paris. Le décret du 5 juin 1793, qui porte très nettement la marque de David, établit une liste de projets prioritaires. Un concours est lancé pour que les architectes dessinent les places susceptibles de mieux mettre en évidence les Biens nationaux. Divers monuments sont projetés : l'un sur la place de la Victoire (place du Carrousel) aux défenseurs de la République, pour commémorer les combats du 10 août 1792 ; une colonne au Panthéon, en l'honneur des guerriers morts ; des Arènes du peuple, sur les boulevards ; un temple à l'Egalité dans les jardins Beaujon. Les *Barrières* de Ledoux sont déclarées monuments publics, des inscriptions en bronze devant y être apposées pour célébrer les victoires de la République.

Le Muséum, «monument consacré à l'Amour et à l'Etude des arts», est aménagé au Louvre par l'architecte Delannoy dans la Galerie du bord de l'eau ; il est effectivement ouvert au public le 10 août 1793. L'aménagement du Louvre et des Tuileries enfin réunis, lié au problème de construction d'un Palais national pour loger l'Assemblée (voire l'ensemble des institutions, comme le réclame en septembre 1793 un membre de la Commune des Arts), est confié à une commission spéciale : David, son beau-frère l'architecte Hubert, qu'assistent Moreau, Bernard et Delannoy. Le projet, arrêté par le Comité de Salut Public (mai 1794), englobe le jardin des Tuileries, la place de la Révolution (place de la

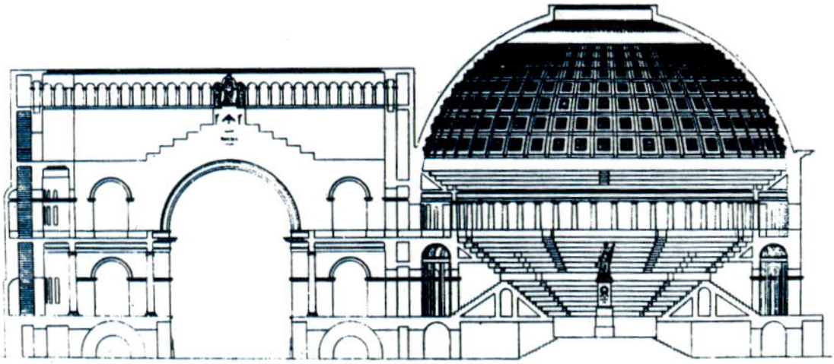

Au programme d'un concours de l'an II : transformer l'Opéra du boulevard Saint-Martin en arènes couvertes pour y célébrer, pendant l'hiver, les fêtes civiques et les triomphes guerriers. Lahure, lauréat, imagine deux grands arcs enjambant le boulevard (à gauche) et un amphithéâtre voûté à caissons.

Concorde) et la Madeleine. C'est Hubert qui dirige l'équipe. David recommande à ses collaborateurs les dessins de Palmyre (la ville en ruines du désert de Syrie) exécutés par Cassas, dont la «grandeur» lui semble convenir à la majesté du programme (Boissy d'Anglas évoque aussi Palmyre comme modèle du Paris futur). Aux frontons du Palais national (ci-devant des Tuileries), où siègent la Convention et les Comités qui gouvernent, trois devises : «Liberté» (pavillon de Marsan), «Egalité» (pavillon de Flore) et «Unité» (pavillon de l'Horloge au centre, coiffé d'un bonnet phrygien). Le jardin des Tuileries devait être bordé de galeries décorées des statues des grands hommes, la place de la Révolution transformée en cirque et la Madeleine en temple de la Révolution. Les exèdres exécutés par Bernard dans le jardin des Tuileries et les chevaux de Marly, transférés à cette occasion à l'entrée des Champs-Elysées et installés sur des piédestaux de Delannoy, demeurent les seuls vestiges de cet ambitieux dessein du gouvernement de Robespierre.

L'administration du Directoire, avec les ministres Bénezech puis F. de Neufchâteau, et Guiguené comme directeur de l'Instruction publique, poursuit l'effort par des concours d'embellissement de Paris. En l'an IV, on adapte le projet de l'an II pour la place qui prend le nom de la Concorde (Tardieu remporte le prix). D'autres concours ont lieu en l'an V et en l'an VIII, avec des projets de Peyre, Bélanger, Legrand, Molinos et Poyet (notamment pour un phare de 100 mètres destiné au Pont-Neuf). Du Louvre à la Concorde,

“ Il est temps de songer à réaliser les grands projets des artistes célèbres qui nous ont précédés; nous devons présenter à la Convention non seulement un programme mais encore des réflexions. La jonction du Louvre et des Tuileries lui semble faite pour ajouter à la gloire du premier siècle de la liberté, contribuer à consolider le règne des arts, et offrir aux nations étrangères une idée de la grandeur de la nôtre, il pense qu'il serait convenable de réunir à la fois dans cette enceinte le pouvoir législatif, le pouvoir exécutif, le Trésor et toutes les administrations publiques. ”

Séance de la Commune des Arts, 30 septembre 1793

De Wailly poursuit ses plans. Devant leur dimension colossale, l'Institut s'inquiète et critique.

Le «Plan des Artistes», urbanisme et programme

Le Plan des Artistes est un des projets d'embellissement les plus importants de la période ; il préfigure les plans d'urbanisme qui ont transformé Paris aux XIXe et XXe siècles. L'idée n'est pas nouvelle, mais elle n'a concerné jusqu'ici que des points localisés de Paris. Dès 1783, cependant, une ordonnance royale a tenté de réglementer le percement des murs et la hauteur des édifices. La levée d'un plan topographique de grande ampleur étant le préalable à l'exécution de ce projet, Verniquet, commissaire-voyer du Bureau des Finances, est choisi pour exécuter le plan définitif, qui paraît en l'an IV.

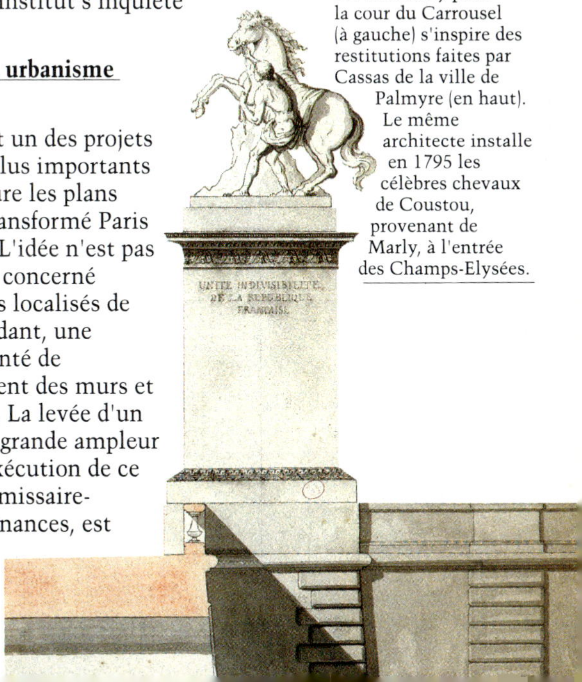

Le projet de Delannoy pour la cour du Carrousel (à gauche) s'inspire des restitutions faites par Cassas de la ville de Palmyre (en haut). Le même architecte installe en 1795 les célèbres chevaux de Coustou, provenant de Marly, à l'entrée des Champs-Elysées.

Pour réaliser les aménagements de Paris, les hommes de la Révolution bénéficient de circonstances exceptionnelles, puisque tous les obstacles posés par le complexe enchevêtrement des droits féodaux, des propriétés ecclésiastiques, de celles de la Couronne ou des émigrés se trouvent levés.

L'idée de faire de Paris une nouvelle Rome hante beaucoup d'esprits : «Nous ne pouvons rien faire de mieux que de remarcher sur les traces des Romains. Nous nous rapprochons déjà d'eux en politique, puisque la Révolution actuelle tend à donner au peuple dans les affaires une prépondérance qui conduisit celui de Rome à l'Empire de l'Univers. Soutenons le parallélisme du côté des arts», écrit en 1791 l'architecte Cathala, à propos de l'aménagement de la place de la Bastille.

Les archives de la Commission du Plan des Artistes ont brûlé en 1871 ; par recoupement, on sait que, de sa mise en place en 1793 jusqu'à 1797, elle comprenait les architectes Allais, De Wailly, Callet, Petit-Radel et Lenoir. Verniquet propose aussitôt son relevé topographique à la Commune des Arts qui décide de l'utiliser. L'exemplaire du plan sur lequel elle porte ses tracés (qui mesurait seize pieds sur treize et était fixé sur une table spéciale en chêne) est transporté à la Bibliothèque nationale, après la fin des travaux de

Reprenant une idée de De Wailly, Poyet propose en 1801 d'aménager la place de la Concorde avec quatre muséums pour abriter les œuvres d'art conquises à l'étranger et, au centre, la statue de la Victoire sur un char attelé aux chevaux enlevés à Saint-Marc de Venise.

«Je voulais que Paris devînt quelque chose de fabuleux, de colossal, d'inconnu jusqu'à nos jours.»

Napoléon,
in *Mémorial de Sainte-Hélène*

la Commission, puis au Conseil des Bâtiments civils, rue de Grenelle ; c'est alors que, malheureusement, on perd sa trace.

Le Plan sert aussi, à l'occasion, pour rappeler à l'ordre certains architectes : un membre de la Société républicaine des Arts compare, le 1er juillet 1794, «cet amas de monuments qu'on élèverait dans différentes situations sans en étudier d'abord la vraie place» à une estampe de Piranèse et demande qu'on s'occupe d'un «embellissement de Paris d'après le plan qui est convenu». Le Plan doit servir de base juste à un concours, pour que «les monuments [soient] distribués avec égalité dans chaque quartier».

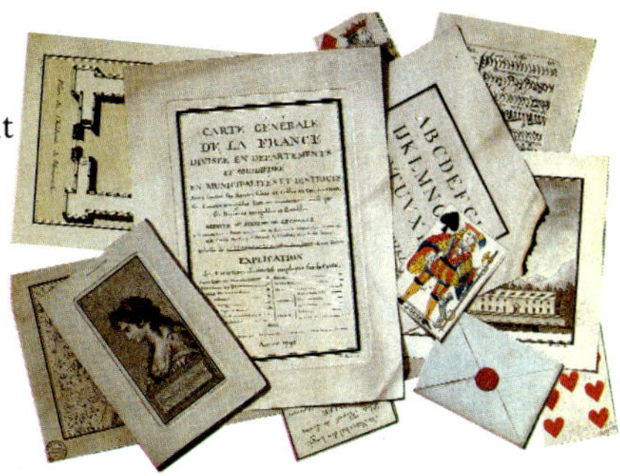

Jouant avec tous les sens du mot carte, ce trompe-l'œil au valet de pique est un dessin du concours de 1792 de l'Ecole des ponts et chaussées.

Les villes de la République

Les plans d'ensemble pour les villes de province sont moins connus. Il existe des projets de reconstruction d'une partie de Lille, ravagée par le siège des Autrichiens en 1792 : l'architecte Verly propose en 1794 un vaste programme comprenant un prytanée évoquant le Panthéon romain, flanqué d'un beffroi en forme de colonne, une place de la Reconnaissance, un théâtre et des bains publics. Baltard expose au Salon de 1796 des monuments

d'utilité publique dédiés «aux malheureux habitants des contrées de l'Ouest, dont les habitations ont été brûlées pendant la guerre [de Vendée]». D'autres villes, comme Toulon ou Le Havre, conservent des plans d'urbanisme.

Gelé à la veille de 1789 par la chute de Calonne, le projet d'une vaste place sur la Garonne – imaginée par Victor Louis pour Bordeaux sur l'emplacement du château Trompette – est relancé en 1791, lorsque la suppression de la forteresse est décrétée par la Constituante. Plusieurs projets sont proposés à la municipalité ou au département par des architectes locaux (dont Lhôte et Combes). En 1797, un concours est ouvert, Louis tente à nouveau sa chance, en vain. Un nouveau concours, en 1798, à l'initiative du Directoire, propose d'élever un «monument au triomphe des armées de la République et à la paix» afin, rappelle Neufchâteau, ministre de l'Intérieur, d'«attacher de grandes idées morales aux monuments de la République». Ce grand projet attire une trentaine de concurrents sérieux : des Bordelais (dont Combes, Clochar, élève de Leroy et ami de Percier, Lhôte, les jeunes Laclotte et Rieutord, qui dessinent un quartier en forme de triangle); des Parisiens, comme Baltard, A. R. Bonnet, Dubut (Premier

Pour le concours d'une place publique à construire sur l'emplacement du château Trompette à Bordeaux, Blein, capitaine du génie, dessine en 1798 une place semi-circulaire occupée en son centre par une colonne ajourée évoquant la tour de Pise (ci-dessus et à droite).

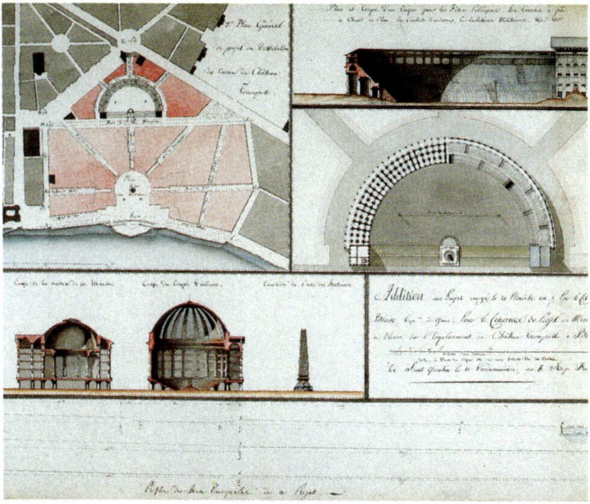

Grand Prix de 1797), Goust, Détournelle et Labarre (Deuxième Grand Prix en 1797); des ingénieurs comme Blein; des étrangers même, comme Weinbrenner de Karlsruhe. Rendu en 1800, le jugement couronne Labarre et place en second le projet de Combes. Ce n'est qu'en 1816 qu'on achève la démolition du vieux fort et qu'on aménage la place des Quinconces, dominée par deux colonnes rostrales (1827) dédiées aux vertus pacifiques, mais essentielles, du Commerce et de la Navigation.

Weinbrenner, pour le même concours, dessine un vaste forum occupé par un monument à la Victoire (ci-dessus).

«Ce sera un beau jour, que celui où nous célébrerons la fête du genre humain» (Robespierre, mai 1794)

Les fêtes révolutionnaires, instruments de propagande, ont constitué, pour les architectes, le laboratoire des formes nouvelles, l'occasion d'expérimenter le nouveau vocabulaire, de donner un visage aux emblèmes de la Révolution pour frapper l'imagination des participants et des spectateurs. En créant des décors éphémères, les architectes sont passés du dessin à des réalisations grandeur nature. Temporaires, elles ont disparu : c'étaient les maquettes des constructions à venir.

La fête organisée implique une maîtrise nouvelle de l'espace urbain : elle n'est pas dans un lieu unique, mais se déroule souvent dans plusieurs «stations». Les cortèges accompagnés de musique et d'hymnes cheminent ainsi à travers toute la ville. Le député Boissy d'Anglas, dans son *Essai sur les fêtes nationales*, en l'an II insiste sur l'importance de leur caractère didactique : «C'est en instruisant l'homme que vous le renouvellerez pour ainsi dire d'une manière absolue et complète; c'est en épurant sa raison et ses mœurs, c'est en lui faisant connaître l'influence et les dangers de ses passions et en lui enseignant à les diriger vers le bien, que vous le ramènerez à la simplicité primitive dont la nature l'avait doté et qu'il n'a perdu que par l'ignorance ou par l'abus du faux savoir.»

Il s'agit soit de fêtes de commémoration d'événements importants, soit de fêtes de substitution aux fêtes catholiques, comme le culte de la Raison ou celui de l'Etre suprême organisé par Robespierre. Dans la dure période de 1793-1794, pour lutter contre l'athéisme montant, générateur de désordres, Robespierre, dans un discours fameux à la Convention, le 7 mai 1794, prône «un système de fêtes, bien entendu, [qui] serait à la fois le plus doux lien de fraternité et le plus puissant moyen de régénération». «Ayez, ajoute-t-il, des fêtes générales et plus solennelles pour toute la République; ayez des fêtes particulières qui soient des jours de repos et qui remplacent ce que les circonstances ont détruit.»

L'arc des Saisons est dessiné par Brongniart à l'occasion de la fête pour la Fondation de la République, en septembre 1796.

David, chef de file des artistes révolutionnaires, est, jusqu'à la chute de Robespierre, le metteur en scène de ces fêtes, dont il confie la réalisation à l'architecte Hubert. Le 10 août 1793, ils organisent la fête de l'Unité et de l'Indivisibilité de la République française, célébrant la chute de la royauté et la Constitution de l'an I. Cinq stations sont prévues : place de la Bastille, carrefour Poissonnière, place de la Révolution, esplanade des Invalides et Autel de la patrie au Champ-de-Mars, ce qui compose, note Michelet, «une histoire en cinq actes de la Révolution».

Mais les réactions du public sont parfois mitigées : «J'observai, ironise Détournelle, «architecte-journaliste», et j'appris comment les Français jugent l'architecture ; je rencontrai d'abord un architecte : “Comment, c'est Hubert qui a fait cela ! mais il y a ici des maigreurs ; là, à quoi servent les colonnes ?

Ce très beau projet d'une fête met en scène un cortège victorieux arrivant au pied d'un arc de triomphe installé à l'entrée des Champs-Elysées, de part et d'autre des chevaux de Marly. On remarque les terrasses à gradins sur les piles de l'arc, qui font des spectateurs des éléments vivants de l'architecture de la fête.

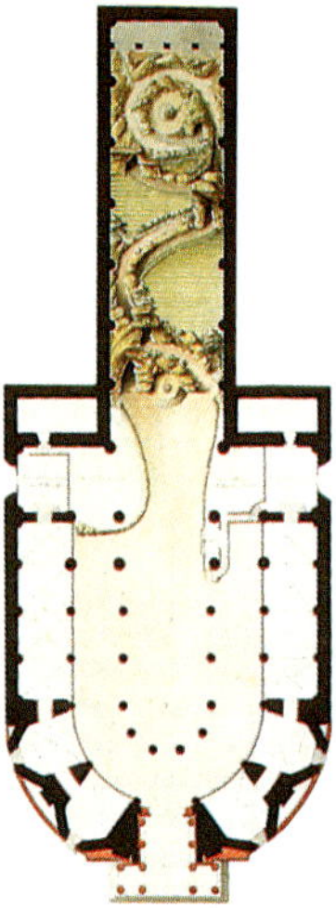

A Bordeaux, la fête de la Raison inspire des projets de *Montagne* à Dutourd (à gauche), dans un jardin, et à Brongniart, dans la nef de la vieille cathédrale transformée en temple de la Raison.

que veut dire cette figure égyptienne ? toute cette fête est mal disposée ; moi, si j'en avais composé une, j'aurais bien autrement pensé."» Puis il rencontre un perruquier qui critique la statue égyptienne, place de la Bastille : «Nous sommes Français, et sous prétexte que nous avons été corrompus dans nos mœurs, dans nos monuments, on veut nous rendre égyptiens, grecs, étrusques.»

Pour certaines célébrations, on utilise les anciennes églises. Le 10 novembre 1793, la Convention fait célébrer un culte à la Liberté et à la Raison dans Notre-Dame de Paris. A Bordeaux, Tallien, Ysabeau et le général Brune assistent à une semblable cérémonie dans une église où est construite une montagne surmontée d'un petit temple. A Orléans, on bâtit un amphithéâtre au centre de la cathédrale pour créer un temple de la Raison – comme à Chartres où une montagne porte un chêne surmonté du bonnet de la liberté, avec un coq tenant dans son bec le ruban aux trois couleurs.

Le 8 juin 1794, à la suite du rapport de Robespierre à la Convention, est instituée la fête de l'Etre suprême, dont David conçoit le programme fort élaboré. Une montagne immense est édifiée au Champ-de-Mars. Après Thermidor, de nombreuses fêtes politiques sont encore instituées. A Lyon, le 29 mai 1795, on célèbre les victimes de la Terreur. Un cénotaphe, construit par l'architecte Cochet et décoré par le sculpteur Chinard, est élevé dans le quartier des Brotteaux. A Paris, Brongniart met au point un vaste dispositif scénique pour la fête de la Liberté.

L'actrice Louise Fusil évoque la fête de l'Etre suprême : «Sur la terrasse du château des Tuileries, une rotonde s'avançait en amphithéâtre. De chaque côté on s'avançait par un escalier, ayant une rampe pour soutenir les femmes, qui étaient échelonnées deux par deux de haut en bas et chantaient des hymnes. [...] Les députés, en grand costume, étaient sur le balcon.»

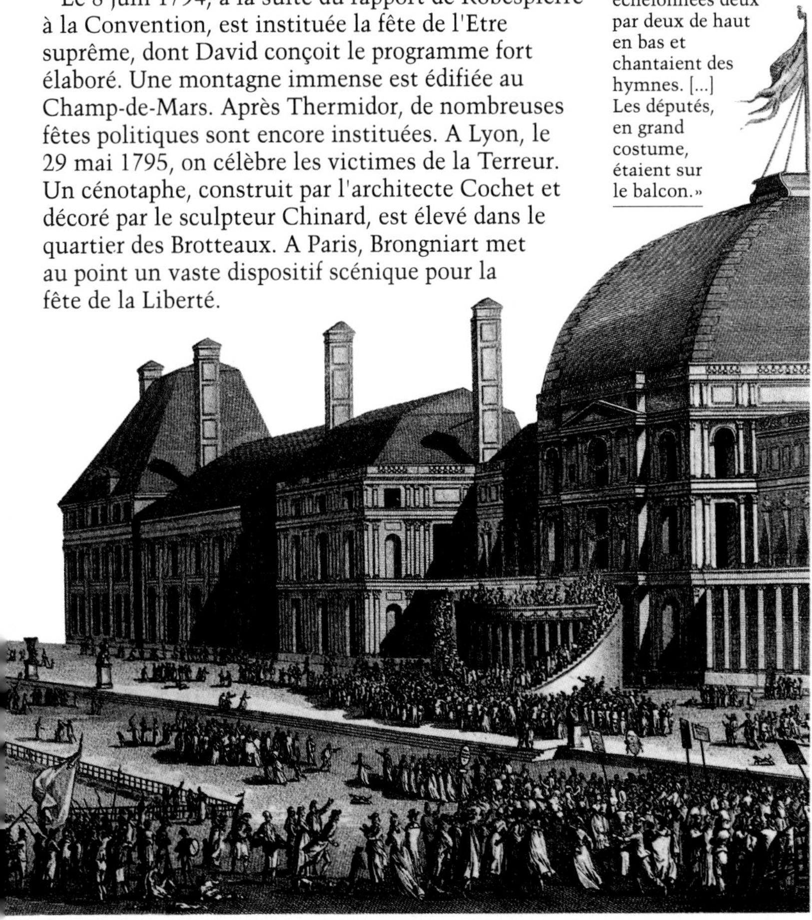

Donnée sur le Champ-de-Mars les 27 et 28 juillet 1796, elle commémore à la fois le 14 Juillet, le 10 Août et le 9 Thermidor par une histoire en tableaux mobiles. Pour la fête de la Liberté de 1798 a lieu l'entrée triomphale des «objets des sciences et des arts» pris en Italie. C'est l'un des derniers grands cortèges de la Révolution, dont le décor est créé par Chalgrin. Dans les territoires occupés ou dans les «Républiques sœurs» se déroulent des fêtes dont les décors importent les symboles nouveaux : à Liège, à Milan, à Bologne ou à Venise.

Pendant le Directoire, la fête de la Fondation de la République, le 1er vendémiaire (22 septembre 1798), revêt un caractère symbolique tout à fait nouveau : outre les courses de char et les joutes sur l'eau, le Champ-de-Mars accueille l'exposition des produits de l'industrie nationale. Le vif succès qu'elle remporte la fera renouveler en 1801 dans la cour Carrée du Louvre, préfigurant les grandes expositions universelles du siècle de l'Industrie.

En vue de l'exposition des produits de l'industrie au Louvre en 1801 (signe d'une reprise des arts décoratifs), on aménage des galeries-portiques dans la cour Carrée (en haut à gauche).

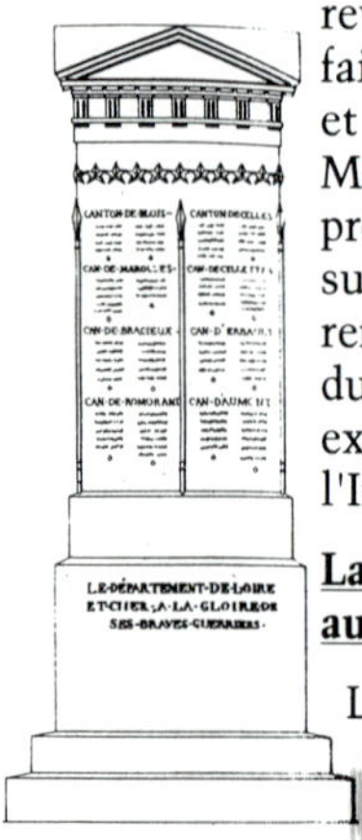

Projet de monument départemental pour Blois, par Delagardette, portant inscrits, classés par canton, les noms des braves.

La Patrie reconnaissante : du Panthéon aux monuments aux morts

Le culte des grands hommes et des héros, civils puis militaires, a transformé l'architecture des pompes

L'arrivée au Panthéon du char de Voltaire est prétexte à inventer un paysage urbain évoquant la Rome antique (ci-contre). Lors de la translation des cendres de Rousseau, le cénotaphe édifié aux Tuileries porte la devise «Ici repose l'homme de la nature et de la vérité». La scène est peinte par Hubert Robert.

Le corps de Marat est exposé dans l'église des Cordeliers sur une estrade imitant les bûchers antiques.

funèbres et celle des tombeaux, permettant de décliner le catalogue d'éléments architecturaux (pyramides, obélisques, autels votifs) ou «naturels» (tumulus, grottes...).

Après les obsèques de Mirabeau, dont la mort suscite une grande émotion, le 4 avril 1791, ce sont les cendres de Voltaire que l'on transporte, le 11 juillet de la même année, au nouveau Panthéon. Le char funèbre à l'antique, dessiné par Cellerier, atteint le second étage des maisons. La statue de Voltaire par Houdon est portée par des hommes habillés à l'antique, et entourée de jeunes élèves des Académies de peinture et d'architecture vêtus d'un costume romain.

En 1793, les assassinats de Le Peletier de Saint-Fargeau (en janvier) et de Marat (en juillet) sont l'occasion de pompes funèbres impressionnantes, conçues par David. En septembre 1794, les cendres de Jean-Jacques Rousseau sont transférées du parc d'Ermenonville au Panthéon. Sur le grand bassin des Tuileries, un cénotaphe évoque la célèbre île des Peupliers. Le défilé présente aux citoyens les drapeaux des Républiques française, genevoise et américaine, les enfants orphelins, et les députés de la Convention entourés d'un ruban tricolore et précédés du

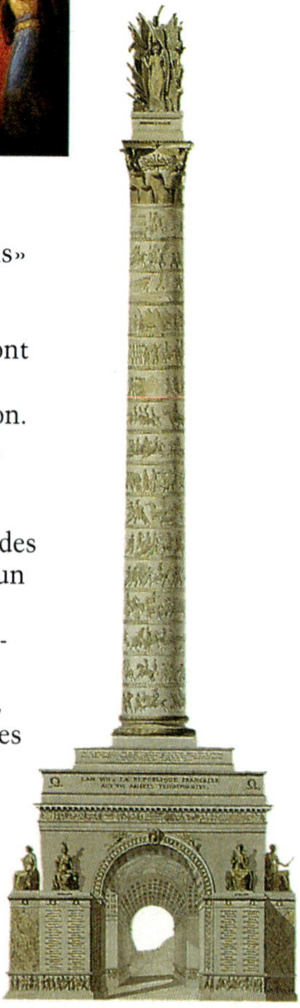

Contrat social, le «phare des législateurs». Pour les simples citoyens, tués le 10 août 1792, la Convention décide d'ériger une colonne dans le Panthéon et Voinier imagine un *Monument aux victimes immolées par la tyrannie,* exposé au Salon de 1795. Cette même année, à Lyon, rebaptisée «ville affranchie» sous la Terreur, Cochet élève un monument aux victimes du siège, détruit l'année suivante.

La reconnaissance de la Patrie aux héros morts à la guerre inspire des monuments plus durables, comme le tombeau de Marceau (mort en 1796) à Coblence, voulu par le général Kléber – ancien architecte – et édifié par Krahe.

Sur un socle en forme d'arc de triomphe s'élève une colonne à la gloire des seize armées, datée de l'an VIII (en bas, à gauche).

Pendant la Révolution, l'architecte Hazon dessine son propre tombeau, créant un «bosquet religieux», près des Andelys, qui réunit l'art funéraire et celui des jardins.

D'autres, comme le monument à Desaix (tué à Marengo en 1800), dessiné par Percier et Fontaine avec une sculpture de Fortin, annoncent le culte du héros et du monument sur la place publique que multiplie le XIXe siècle et sa «statuomanie».

Une colonne par département

Sous le Consulat, Lucien Bonaparte, ministre de l'Intérieur, souhaite réaliser l'idée de la Convention d'ériger une colonne portant les noms des héros morts au champ d'honneur. «Mais, au milieu des secousses révolutionnaires, l'intention du bien demeurait presque toujours sans effet...» Le 29 ventôse an VII (1800), il est donc décidé d'élever dans chaque département une colonne à la mémoire des héros morts pour la Patrie et la Liberté.

Il ne s'agit plus d'un concours libre, comme en l'an II : David, Fontaine et Legrand, membres du Jury des arts, établissent la liste des architectes invités à soumettre des projets. Trois cents dossiers sont envoyés. Le Conseil des Bâtiments civils décide de choisir les dix meilleurs projets pour un certain nombre de villes : les premières pierres sont posées le 14 Juillet 1800. Les travaux n'auront jamais lieu. Pour Paris, deux projets, de Sobre et de Moreau : l'un pour la place des Piques (place Vendôme), l'autre pour la place de la Concorde.

Dans son projet de *Monument à la gloire de nombre d'hommes illustres de la cité,* Lequeu associe les statues, les trophées, les inscriptions, les guirlandes et les couronnes qui s'enroulent autour d'un «obélisque rond» couronné d'«ailes d'aigle».

Seule une colonne provisoire, en bois, plâtre et toile, est construite à la Concorde, puis abattue le 27 vendémiaire an VIII. En 1806 la colonne Vendôme, élevée par Gondoin et Lepère avec le bronze des canons pris aux Autrichiens, réalise au cœur de Paris la moderne colonne Trajane, dédiée à la gloire d'un héros unique : le vainqueur d'Austerlitz.

Théâtres nationaux, théâtres populaires

Sous l'Ancien Régime, le théâtre était par excellence le lieu des rencontres et des échanges d'idées ; la censure royale le contrôlait donc étroitement. Le monopole des comédiens français et italiens, ainsi que celui de l'Opéra est aboli le 19 janvier 1791 ; chacun désormais est libre de faire construire un théâtre et d'y donner les pièces de son choix. Des milliers de représentations se succèdent, suscitant de véritables «batailles», telle la première de *Charles IX*, tragédie de Marie-Joseph Chénier, qui impute à la royauté le massacre de la Saint-Barthélemy. Pour les artistes et les architectes, la scénographie permet

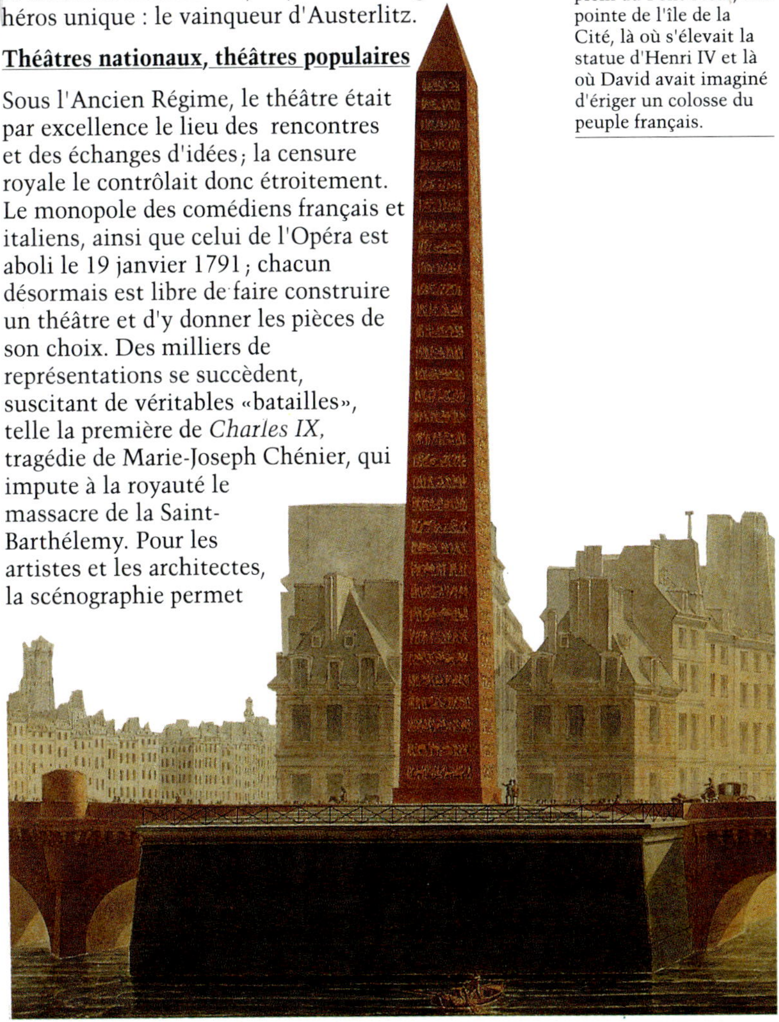

Le dessin de colonne nationale de Moreau (page de gauche) contraste avec ce projet d'obélisque de granit rose qui aurait été édifié sur le terre-plein du Pont-Neuf, à la pointe de l'île de la Cité, là où s'élevait la statue d'Henri IV et là où David avait imaginé d'ériger un colosse du peuple français.

Lors de son passage à Paris, en 1797, frappé par l'originalité de ces formes, l'architecte prussien Gilly dessine le théâtre Feydeau, de Legrand et Molinos (ci-dessus, à gauche) et la toute nouvelle rue des Colonnes. La façade convexe du théâtre, ouverte au rez-de-chaussée à la circulation, est ornée d'une loggia à caryatides. C'est un ovale, complet cette fois, qu'imagine C. E. Durand dans son projet de théâtre gratuit, pour les concours de l'an II (ci-dessus). Sur l'angle d'une rue, Dufart construit à Bordeaux en 1793-1800 le Théâtre Français (en haut, à droite) en superposant deux ordres de colonnes; c'est l'un des plus beaux exemples encore existants d'un théâtre révolutionnaire.

d'innover et d'essayer des formes nouvelles : sous Louis XVI, pour la première fois, Pâris avait pu montrer à la Cour un décor figurant, presque grandeur nature, l'intérieur du Panthéon de Rome. A partir de la Révolution, c'est dans les théâtres publics que se poursuit cette activité. Fontaine vit en dessinant des décors et David peint *le Triomphe du Peuple français* sur le rideau de scène de l'Opéra.

Mais c'est l'architecture des salles elles-mêmes qui donne lieu à de nouvelles conceptions. La notion d'égalité fait condamner les loges et les places réservées à la noblesse, depuis longtemps critiquées.

D'importantes opérations immobilières ont précédé de peu la Révolution; la construction de théâtres va de pair avec celle d'immeubles de rapport, de boutiques et de galeries marchandes. On peut le voir à Paris, dans le quartier de la rue de Richelieu, où sont achevés et inaugurés, pendant la Révolution, le théâtre des Variétés de Louis en 1790 (l'actuelle Comédie-Française), le théâtre Louvois de Brongniart et le théâtre Feydeau de Legrand et Molinos, dit «théâtre de Monsieur», en 1791, le théâtre Molière, celui des Victoires de Damesme et Sobre, le théâtre des Arts de Louis en 1793, ou celui du Marais, rue de Sévigné, qui a conservé de nos jours son architecture de bois.

La Comédie-Française (l'actuel Odéon), achevée en 1782 par Peyre et De Wailly, est une salle très admirée pour sa modernité; dès novembre 1793, De Wailly propose de transformer son théâtre en «théâtre du Peuple». On envisage pareillement de transformer

l'opéra du boulevard Saint-Martin, construit par Lenoir en 1781, en arènes couvertes «destinées à célébrer les triomphes de la République» et les fêtes nationales, pendant l'hiver. Le concours d'architecture de l'an II comprend donc tout naturellement des programmes d'«arènes couvertes» et de «théâtres publics et gratuits», dont l'étonnante salle ovale de Ch.-E. Durand, prétendant contenir près de 10000 spectateurs. En province, de nombreux théâtres sont construits, notamment à Bordeaux, où Dufart réalise le Théâtre Français.

En mars 1794, De Wailly transforme l'Odéon, destiné aux pièces révolutionnaires, en supprimant les loges et en redécorant la salle. La place est aménagée en «arènes pour le peuple»; le théâtre devient le fond du décor, les spectateurs étant abrités par un vélum bleu-blanc-rouge.

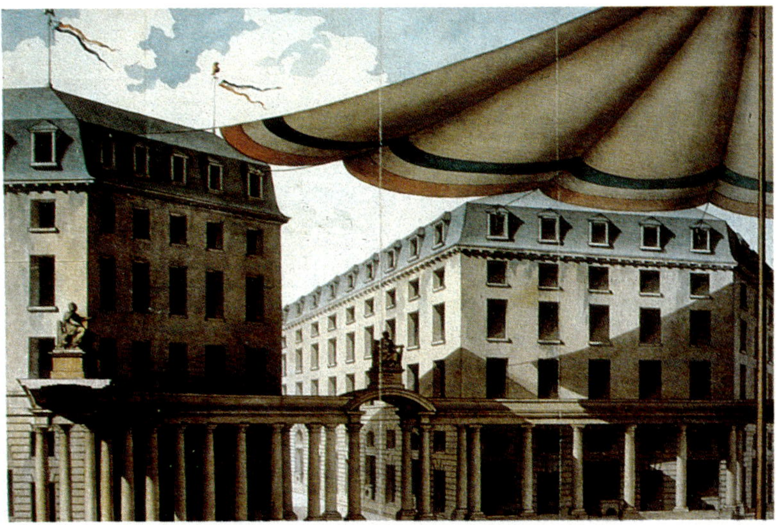

L'architecture privée : on a bâti quand même

Le mouvement de lotissements de grandes propriétés en vue de la construction d'immeubles de rapport se dessine à Paris et en province dès la fin de l'Ancien Régime : «Des corps de logis immenses sortent de terre comme par enchantement et des quartiers nouveaux sont composés d'hôtels de la plus grande magnificence.

Les spéculateurs ont appelé les entrepreneurs qui, le plan d'une main, le devis dans l'autre, ont échauffé l'esprit des capitalistes», écrit Sébastien Mercier en 1782, dans son *Tableau de Paris.* Ainsi, le duc de Chartres lotit les bordures du Palais-Royal, créant ce qui deviendra un des lieux les plus animés de l'agitation révolutionnaire.

La vente des Biens nationaux, intervenue à partir de 1790 pour les biens du clergé et de 1792-1793 pour ceux des émigrés, double le nombre de propriétaires terriens français, et accentue cet appétit de bâtir. Après 1792, la hausse importante des prix, due à la conjoncture, ralentit nettement, mais pour une courte durée, les projets de construction. Il semble en effet que ceux-ci reprennent de plus belle dans de nombreuses villes à partir de 1795.

A la Chaussée-d'Antin, Bélanger construit pour lui, à partir de 1788, cette maison à l'allure de villa vénitienne (ci-dessous). La rue de Chartres (à droite, dessinée par F. Gilly) est un exemple de l'architecture fonctionnelle des immeubles de rapport, qui se multiplient depuis la fin du XVIIIe siècle. Les constructions de maisons de campagne se poursuivent ; ainsi cette maison (en haut) pour le citoyen Gaubert à Portets (Gironde), construite en 1796 par G. Durand, ancien collaborateur des chantiers de Victor Louis.

En 1790, un groupe de négociants hollandais acquiert les bâtiments de la confrérie du Saint-Sépulcre (rue Saint-Denis) et, après démolition, fait construire par Sobre et Happe un ensemble d'appartements et de boutiques qu'on appelle la Cour batave.

En 1792, un autre investisseur, américain celui-ci, M. Hosten, commande à Ledoux un ensemble de maisons et de boutiques situées entre la rue Saint-Georges et la rue Saint-Lazare, sur un parti proche de celui du Palais-Royal rappelant les cités-jardins britanniques.

On peut dater de la même année la maison construite par l'architecte Varin, rue Vieille-du-Temple, et l'ensemble immobilier de la rue du Helder. Témoignent de ces

De riches négociants étrangers font construire leurs maisons selon les formes nouvelles. Ainsi, à Bordeaux, la maison Fenwick (à gauche), édifiée par Dufart en 1795, ou l'hôtel Meyer (à droite), œuvre de Combes en 1795, dont le porche dorique répond aux colonnes du Grand Théâtre voisin.

réalisations et de leurs décors les recueils gravés de Krafft et Ransonnette, parus sous l'Empire.

Les constructions privées sont probablement plus nombreuses qu'on ne le croit pendant la première période de la Révolution : elles sont souvent, mais à tort, datées de l'époque du Directoire. La rue des Colonnes, conçue en 1793 par trois spéculateurs à proximité du théâtre Feydeau, est édifiée en 1795 par N. Vestier et J. Bénard, selon un programme standardisé, au rez-de-chaussée à arcades formant galerie. «C'est une rue néo-grecque, *simple comme la vertu*, et proprement révolutionnaire» (W. Szambien). Ouverte au public dès 1797, la rue des Colonnes préfigure les immeubles de rapport à programme ou la rue de Rivoli réalisée pendant la première moitié du XIXe siècle.

Les travaux redémarrent après 1795. A Bordeaux, le consul de Hambourg, Meyer, fait alors construire par Combes une maison au porche dorique (où vient séjourner Hölderlin, en 1802) et le consul des Etats-Unis, Fenwick, s'installe sur le port dans un immeuble couronné de deux belvédères. Bélanger travaille pour les riches banquiers Simons père (à Bellevue) et fils (à Meudon), récemment mariés à des actrices.

Parmi les édifices subsistant à Paris, on peut voir la maison de l'architecte Varin, dans le Marais (en haut, à gauche), et surtout, la rue des Colonnes dans le quartier de la Bourse.

La Chaussée-d'Antin devient le «pays du luxe où tant de millionnaires viennent cuver leur or» (Goncourt) : fournisseurs aux armées (Ouvrard), banquiers (Récamier) et autres affairistes font redécorer somptueusement des hôtels par la jeune génération (Percier et Fontaine). On s'éloigne de ce que Détournelle réclamait en 1793 : «Que les bâtiments des particuliers soient simples comme la vertu»... Mais l'on met au point des modèles de petites maisons d'un caractère plus modeste que les «folies» et «casins» du règne de Louis XVI, accessibles à un plus grand nombre, qui préfigurent les maisons de banlieue avec leur petit jardin.

De l'«étrusque républicain» au style Empire : vers un renouveau décoratif

D'après son nom, le style «Directoire» devrait correspondre à la période du 26 octobre 1795 au 10 novembre 1799, prenant ainsi place entre les styles «Louis XVI» et «Empire». Or, dès les années 1770, le décor créé par des architectes comme Bélanger, les meubles réalisés par le menuisier Jabob annoncent les inventions et les motifs de l'art décoratif de la

« Quels que soient les grands noms de Liberté, d'Egalité, de Fraternité dont la Révolution se décore, elle a été par essence une translation de la propriété. »

Taine, 1875

Ce qui va devenir le style Empire suscite quelque critique : «On n'est pas assis. On n'est pas reposé. Pas un siège, chaise ou fauteuil dont le bois ne soit nu et à vive arête.»

De 1792 à 1795, un fils de planteur, Hosten, fait édifier par Ledoux un grand ensemble de maisons, pour lui-même et à des fins locatives. Le parti de cette architecture répétitive, jusqu'alors inédit en France, évoque les *Terrace Houses* de Londres, et annonce les cités-jardins du XIXe siècle.

première moitié du siècle suivant. On y voit l'importance des emprunts faits à l'architecture : rinceaux et palmettes, pyramides et obélisques, colonnes à chapiteaux grecs ou égyptiens se retrouvent dans la structure des lits ou des commodes de l'Empire. Une fois encore, c'est le subtil mécanisme de la mode qui «lance» des éléments décoratifs ou des solutions (tel l'emploi de tentes militaires dans des intérieurs). Le succès du mobilier à l'étrusque de David, popularisé par ses tableaux et très admiré dans son atelier pendant la Révolution, correspond à la diffusion d'un décor architectural qui prétend traduire la pureté des mœurs républicaines.

Les arts du Directoire et de l'Empire ne sont pas seulement continuateurs des créations de l'Ancien Régime ; c'est Francastel qui le fait remarquer :

Le célèbre ébéniste Jabob réalise pour David un mobilier qui figure dans le *Brutus* de 1789. Le décor de colonnes et de draperies, référence à la Rome républicaine, annonce celui des salles révolutionnaires. Plus tard, il crée, peut-être sur les dessins de Percier, le bureau d'acajou (le «perchoir» du président de l'Assemblée nationale, à gauche), dont les pilastres à têtes évoquent le temple de l'Egalité de l'an II.

Architecture d'intérieur et décoration

Certains décors, telle la salle de bains de Bélanger pour Mlle Dervieux (avant 1789, à gauche), expriment le goût inventif de l'arabesque et des camées, des stucs aux couleurs vives, que le Directoire reprend dans une version moins fastueuse et destinée à être reproduite. Ces intérieurs à l'antique (ci-dessus, projet de chambre par Percier) sont adaptés au confort moderne. Les meubles prennent alors les formes des lits antiques ou des sièges curules des magistrats romains.

Réunion d'artistes

Boilly a représenté en 1798 une *Réunion d'artistes dans l'atelier du peintre Isabey.* Le décor symétrique orné de bas-reliefs (la Peinture et la Sculpture) et de figures de la Renommée rappelle celui des Tuileries. Il est l'œuvre de Percier et Fontaine, qui vont devenir les célèbres architectes d'intérieur du Consulat (la Malmaison) et de l'Empire. Les deux architectes figurent ici (sous le buste de Minerve au centre) parmi ce que la génération du Directoire compte de plus brillant : les acteurs Chenard et Talma, le compositeur Méhul, les sculpteurs Lemot et Chaudet, les illustrateurs Duplessi-Bertaux et Redouté, les peintres Gérard, Carle Vernet, Lethière ou Girodet.

il s'agit de savoir si «la société nouvelle qui est sortie des événements révolutionnaires a réussi à s'exprimer dans le cadre familier de sa vie publique et privée».

Issus de l'ancien monde, les hommes de la Révolution et ceux qui arrivent au pouvoir avec Bonaparte ont-ils voulu faire croire qu'ils fondaient «des mœurs et une atmosphère», bien plus que des idées nouvelles ? Les apports de l'archéologie, d'abord employés par les architectes de la Cour et de l'aristocratie, repris par la nouvelle génération des Percier et Fontaine, sont introduits dans le décor des classes moyennes. Les luxueux intérieurs de Madame Récamier, les alcôves en forme de temple romain sont diffusés par la gravure dans l'Europe entière où l'historicisme va triompher – comme en Russie, ou en Allemagne avec Schinkel. Dans la raideur des formes du mobilier, dans l'harmonie très contrastée des couleurs sur fond brun ou vert, dans

"[Pour détruire les églises gothiques], on pioche les piliers à leurs bases sur deux assises de hauteur; et à mesure que l'on ôte la pierre, l'on y substitue la moitié en cube de morceaux de bois sec, ainsi de suite; dans les intervalles, l'on y met du petit bois, et ensuite le feu. Le bois, suffisamment brûlé, cède à la pesanteur; et tout l'édifice croule sur lui-même en moins de dix minutes."

Petit-Radel

la solennité des salons officiels des ministères, des palais de justice et bientôt des préfectures, demeure quelque chose de l'austère et factice grandeur des temples de la Vertu.

Les monuments victimes de l'idéologie, les monuments sauvés par l'idéologie

Pendant la période révolutionnaire disparaissent bon nombre de monuments et d'œuvres sculptées. On parle traditionnellement de «vandalisme» révolutionnaire. Paradoxe d'une époque de «destruction aveugle pour les monuments», qui est aussi celle du «premier régime qui ait tenté d'organiser leur conservation». Dans ce domaine, la sensibilité et l'action de deux hommes, l'abbé Grégoire du Comité d'Instruction publique et Alexandre Lenoir, sont fondamentales.

Il faut se rappeler que le XVIIIe siècle, comme les siècles précédents, se livrait sans vergogne à la destruction de monuments anciens,

Deux peintres de ruines ont montré les démolitions d'anciens couvents. A gauche, Hubert Robert, avec le couvent des Feuillants; à droite, Demachy avec les Cordeliers, dont les murs font apparaître la façade moderne de l'Ecole de médecine.

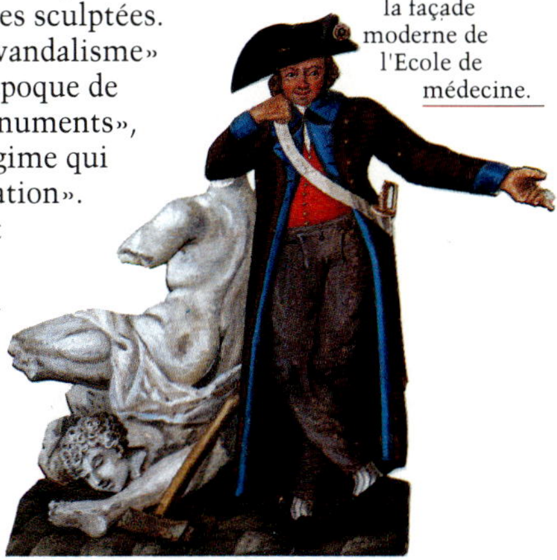

Accompagnant les salles du Musée des monuments français, un Jardin Elysée (peint par Hubert Robert) réunissait les tombes de personnages célèbres : Héloïse et Abélard, Turenne, Boileau, Racine, Molière et Descartes.

considérés comme gênants ou inesthétiques (l'intérêt pour l'art gothique ne naît qu'à l'extrême fin du XVIIIe siècle). Des ventes et démolitions de châteaux royaux (comme le château de la Muette ou le château de Madrid) avaient précédé de peu la Révolution ; en février 1787, ceux de Vincennes et de Blois étaient promis à la pioche.

Lorsque, le 14 août 1792, la Convention décide de supprimer sur tous les monuments les signes de la féodalité, le danger est grand de voir se multiplier les destructions d'œuvres d'art. Une Commission des Monuments avait été chargée, dès 1790, de veiller à la conservation des objets qui peuvent «intéresser les arts». Elle sera remplacée en septembre 1793 par une Commission temporaire des Arts, rattachée au Comité d'Instruction Publique.

C'est pendant la Terreur que la décision est prise de détruire les tombeaux royaux de Saint-Denis. A Lyon, qui résiste au gouvernement révolutionnaire, la démolition est systématique : remparts de la Croix-Rousse, façades de la place Bellecour et une partie du quartier Saint-Clair et des Terreaux.

Lors de la vente des Biens nationaux, les édifices acquis par des particuliers et ceux mis à la disposition des municipalités ont subi nombre de déprédations dues à leur nouvelles affectations comme dépôts, marchés, théâtres, temples, etc. Certains châteaux, dont les terrains ont été lotis pour la construction, sont détruits, puisque devenus inutiles. Bien des

fortifications, châteaux-forts ou églises abbatiales sont achetés pour servir de carrières de pierre. La justification des démolitions se pare parfois d'un discours idéologique : la commune de Bazas en Gironde décide de rabaisser, dans la cathédrale, «au niveau de la bâtisse, les pavillons terminés en pointe beaucoup plus élevés que les autres et propres à rappeler l'idée de féodalité».

Une partie des objets d'art et du mobilier des églises et des palais, est vendue à l'encan. A partir du mois d'août 1794, la Convention est amenée à réagir grâce aux rapports de l'abbé Grégoire qui attaque «l'ignorance, la cupidité» de ceux qui cherchent, dit-il, en nous attribuant ces crimes à «nous barbariser». C'est lui qui parle de vandalisme, créant «le mot pour tuer la chose» et qui suscite une série de mesures pour sauvegarder le patrimoine national, annonçant la protection des monuments historiques que le XIXe siècle met à l'ordre du jour.

Alexandre Lenoir, ami de David, est chargé du dépôt provisoire des monuments sculptés provenant des églises, qui est installé dès 1791 dans l'ancien couvent des Petits-Augustins, l'actuelle Ecole des beaux-arts. Il s'oppose à la destruction des tombeaux royaux de Saint-Denis (1793) et aménage le dépôt en un musée des Monuments français.

«Architecture révolutionnaire» et architecture de la Révolution

Longtemps ignorée – voire purement niée –, l'existence d'une œuvre architecturale à l'époque de la Révolution s'impose, à la faveur de publications et d'expositions. On peut aujourd'hui mieux mesurer l'extraordinaire foisonnement de projets, de tentatives, de décors éphémères dont la nouveauté des programmes ou des formes correspond aux idées du siècle des Lumières et au grand œuvre des hommes de la Révolution. Le dossier est composé de pièces contradictoires – ou complémentaires ? – issues d'analyses d'historiens des années 1920 à nos jours. Le Viennois Emil Kaufmann a eu le mérite de dégager le premier l'ampleur du mouvement, la richesse des personnalités, même s'il insiste sur la rupture – qu'il rapproche du courant moderne – ou s'il dégage surtout la «trilogie» Boullée-Ledoux-Lequeu. Depuis, on a réévalué l'œuvre de ces artistes et l'on connaît mieux d'autres noms (De Wailly, Brongniart, Poyet, Durand ou Percier et Fontaine) et le rôle des ingénieurs des Ponts et Chaussées. On se rend mieux compte de l'importance des programmes d'architecture publique des vingt dernières années du XVIIIe siècle, on élargit la connaissance des modèles archéologiques, de l'influence du milieu romain et de l'apport britannique. Les «emblèmes de la Raison» s'étaient mis en chemin avant 1789 – il faut le rappeler –, mais l'effort d'imagination, la libération du geste architectural qui donne toute sa force au projet, lui conférant l'ambition sociale et la poésie des formes, sont, eux, des acquis de la Révolution. C'est qu'alors le rêve des architectes embrassait l'exaltant et infini domaine de la construction d'un monde futur.

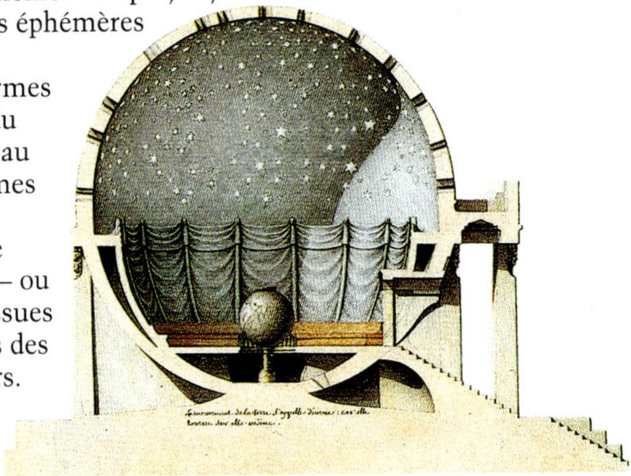

Dans une nuée qui envahit le cabinet de travail apparaît le Génie de l'architecture, les bras chargés des modèles des édifices à venir.

Dépliant

Un projet, encore anonyme, illustre la mise en place du système décimal et l'unification des mesures : jaillissant d'une Bastille, la Liberté «sort du sein de l'esclavage», entre les allégories des poids et mesures.

Le projet de Voinier d'un monument aux Quatorze Armées de la République (dos du dépliant) aurait réemployé, à l'Etoile, les barrières d'octroi de Ledoux enveloppées d'un décor symbolique s'ouvrant sur la perspective des Tuileries.

X
POIDS

TÉMOIGNAGES ET DOCUMENTS

« Vous disiez tout à l'heure,
en dépit du bon sens,
la Révolution a tué les talents ;
Elle a tué les sots
mais non pas le génie ;
L'ignorance est passée
avec la tyrannie. »

Cubières-Palmézeaux (vers 1798)

L'architecture parlante

Par les formes qu'il met en œuvre, par le caractère qu'il confère à ses édifices et par la fonction qui les ennoblit, l'architecte élabore un discours – d'images et de textes – correspondant au message des symboles et de l'idéal.

Le texte intégral – publié ici pour la première fois – du projet de l'architecte Voinier, daté de 1795-1796, décrit un monument qui aurait été situé à l'entrée de la place de l'Etoile dans un lieu qui allait devenir celui du souvenir national.

Projet d'un monument triomphal en l'honneur des quatorze armées de la République présenté au Comité d'Instruction publique par le citoyen Voinier, architecte, le 8 frimaire an III de l'ère républicaine

La Convention, en recherchant dans les ruines de la Grèce antique les modèles de l'affranchissement des nations, a senti qu'il convenait à la France de ne point achever l'ouvrage du sien, sans appeler, comme elle, autour de la statue de la Liberté les arts qui en sont l'ornement, et qui font la splendeur des grandes républiques.

En effet, la Grèce, si fameuse par son indépendance, doit sa célébrité autant aux ouvrages de ses artistes et de ses écrivains qu'aux exploits de ses héros et aux travaux de ses législateurs ; et la voix de la renommée, en vantant les lois de Solon, les victoires de Miltiade et de Thémistocle, n'a point oublié les chefs-d'œuvre de Sophocle, de Phidias et de Praxitèle. Mais la Convention, jalouse de porter la France au même degré d'éclat, a sagement voulu, en éveillant le genre, le diriger vers un but patriotique, et le rendre le panégyriste de nos triomphes. Elle a donc décrété que les barrières de

Ce détail du projet de Voinier montre l'utilisation d'un massif à gradins au-dessus de l'arc central, une solution plusieurs fois employée à l'époque.

Paris seront converties en monuments nationaux, qu'attesteront les combats mémorables de la République. Rien de plus grand ! Par là disparaîtront ces masses informes qui semblaient enfermer Paris ; et ces signes de l'avarice et de la servitude feront place à ceux de la gloire et de la liberté. En effet, il est digne de la reconnaissance des Français, que cette immense cité, dont les habitants ont renversé la Bastille, abattu le trône, fondé la République, soit ouverte de tous côtés par des trophées, par des arcs triomphaux, enfin par tout ce qui peut attester les succès d'une révolution dont elle fut le premier théâtre et qu'après avoir été comme le temple de la guerre, elle devienne celui des arts et de la renommée.

Rempli de cette idée faite pour échauffer le génie le plus stérile, j'ai composé le projet d'un monument en l'honneur de nos quatorze armées. J'ai pensé qu'il fallait lorsque divers édifices présenteraient les différents triomphes de la République, qu'un seul les offrît tous, et formât pour ainsi dire, le faisceau de nos victoires. L'entrée de Paris par les Champs-Elysées, cette route la plus fréquentée, et qui conduit au palais de nos représentants, m'a paru la place la plus favorable pour un tel monument. Sans doute les voyageurs qui arrivent en foule aimeront à admirer dans la plus belle avenue l'histoire des grands événements de la plus étonnante révolution, et à voir, à la fois les marques de nos conquêtes, et le lieu d'où sont parties les foudres qui ont écrasé nos ennemis.

Cet emplacement deviendra plus avantageux encore si, comme on doit l'espérer, se réalise le plan de réunir les Champs-Elysées et les Tuileries, et de n'en former qu'un vaste jardin, dans lequel, à l'ombre de bocages artistement déposés, seraient placées les statues des citoyens qui ont éclairé la France par leurs écrits, ou l'ont servie par leur valeur. On conçoit combien ce rapprochement mettrait un nouvel intérêt sur le monument proposé. Les étrangers n'éprouveraient-ils pas une double jouissance à contempler les traits des bienfaiteurs après avoir lu le récit de leurs bienfaits, et à trouver ainsi le spectacle des grandes actions auprès des images des grands hommes ?

Le monument proposé formerait autant l'entrée des Champs-Elysées que celle de Paris. Il est composé de manière qu'on pourrait y adapter, après leur avoir fait subir les changements nécessaires, les deux pavillons carrés existants actuellement, et qui forment la ci-devant barrière de l'Etoile, en sorte qu'une partie de la construction se trouve faite.

Ce monument présente dans son milieu un passage de 64 pieds de large. De chaque côté de cette ouverture, de vastes galeries couvertes offriraient un abri aux voyageurs en cas de mauvais temps. Autour de l'arc sont disposés des drapeaux pris sur les ennemis. Ces drapeaux sont unis deux à deux par les couronnes civiques destinées aux braves militaires qui les ont remportées. Les médaillons de ces citoyens sont aussi placés entre les drapeaux. Au-dessus de cet arc est une inscription au milieu de laquelle est une couronne d'étoiles, avec ces mots : Aux armées victorieuses, la Patrie reconnaissante l'an... de la République. Aux extrémités de cette inscription sont deux renommées portant chacune d'une main le drapeau national, et de l'autre main, l'une la figure de la liberté, l'autre, celle de l'égalité. Des fontaines sont de chaque côté de l'ouverture. Ces sources bienfaisantes, présentées aux voyageurs à leur entrée dans Paris, leur annonceraient d'avance le zèle avec lequel les habitants rempliraient envers eux les devoirs de l'hospitalité.

Sur les grandes lisses qui existent au-dessus des nappes d'eau, seraient gravés les principaux faits de chacune des quatorze armées. Les fontaines sont couronnées par des groupes de figures représentant des renommées qu'annoncent les triomphes de la République. De chaque côté de ces dernières, sont des figures représentant les vertus qui ont accompagné les défenseurs de la patrie dans leurs exploits.

Sur la face de cet édifice, sont quatorze couronnes civiques, nombre égal à celui des armées, au-dessous de chacune d'elles est gravé le nom de l'armée à qui elle est destinée.

Aux extrémités de ce monument, et en retour sur les faces latérales, sont de grands bas-reliefs, représentant les principales batailles gagnées par nos armées.

Au-dessus sont des stylobates de forme circulaire, ornés de proues de vaisseaux, à la gloire des Armées navales. Ces stylobates portent des groupes de figures représentant la victoire assise sur les dépouilles des ennemis, et couronnant les quatorze armées, représentées chacune par un guerrier tenant d'une main le drapeau envoyé à chacune des armées, au nom du peuple français, par la Convention. Ce drapeau est orné d'une couronne civique, le décret de la Convention est gravé sur le bouclier dont chaque guerrier est armé. Le Temple de l'Immortalité, décoré de 20 colonnes ioniques, couronne cet édifice. Au milieu du temple s'élève un obélisque, sur les faces duquel seraient inscrits les noms des citoyens morts glorieusement pour la défense de la patrie. Sur le sommet de cet obélisque, une figure ailée présente dans ses deux mains une couronne d'étoiles, symbole de l'immortalité.

Tel est le monument que je soumets à l'examen des législateurs ; et, s'il ne leur paraît pas indigne d'être promptement exécuté, j'aurai la récompense la plus douce pour un républicain, celle d'avoir concouru de mes faibles moyens à la splendeur de ma patrie.

Paris,
Didot, an III

Le philosophe Jean Starobinski dégage le sens d'une architecture face à l'histoire.

Architecture parlante, paroles éternisées

Les formes primitives de la géométrie, dans l'architecture des novateurs, n'entrent pas seulement en composition avec les nécessités fonctionnelles des édifices. Elles se

Détournelle, architecte, et Caraffe, peintre, ont conçu ce projet d'un *Monument à la Concorde*, à la suite du concours de l'an IV. L'édifice se serait élevé sur la place ci-devant Royale (Place des Vosges), le soubassement devant contenir les ruines du piédestal de la statue de Louis XIII, renversée en 1792.

développent encore en vue d'une signification. Cette architecture ne veut pas seulement être simple en vertu de son retour aux figures premières, elle veut encore être « parlante » par la façon dont elle ordonne ces figures afin d'en rendre la fonction extérieurement *évidente*. La volonté, qui se manifeste une première fois dans le parti de simplification et de monumentalité nue, revient à la charge, pour ainsi dire, en imprimant à l'édifice la marque de sa destination pratique. La forme sert la fonction, mais la fonction se réfléchit à son tour dans la forme pour s'y rendre manifeste : une symbolique de la fonction se surajoute à la fonction même. Ainsi la volonté du constructeur s'annonce-t-elle à nous tout ensemble comme un pouvoir de domination et comme une énergie finalisante. En déployant sa grandeur, l'édifice énonce du même coup son but et son sens. Si le jeu des formes est au service d'une *utilité*, la valeur pratique veut à son tour accéder à la reconnaissance universelle sous l'espèce déchiffrable d'un langage. Dans l'architecture parlante, l'utile se manifeste à tous les regards et se proclame ainsi utile au *bien commun*. En cherchant à conférer à leurs édifices une lisibilité immédiate, ces architectes entendent nous persuader que l'utilité particulière de chaque bâtiment participe au système de services réciproques dont se compose l'utilité publique. La destination du bâtiment, ou la profession de son propriétaire ne sauraient demeurer une affaire privée. C'est là quelque chose qui intéresse tous les citoyens, et qui, par conséquent, doit leur être annoncé en clair.

Jean Starobinski,
1789, les Emblèmes de la Raison

En pleine Terreur, une femme d'architecte témoigne de l'effet produit sur sa sensibilité par les grandioses dessins de Boullée.

Lettre de Madame Brongniart à son mari, l'architecte installé à Bordeaux, 7 juin 1794, au sujet d'une visite faite à Boullée

Je l'ai trouvé heureux de pouvoir avoir le moyen de rester vis-à-vis de lui-même pour se livrer tout entier à son imagination et travailler pour son pays [...]. Car c'est pour la République qu'il travaille. Il a fait une Assemblée nationale qui n'est point chargée de colonnes. Son plus bel ornement, c'est les Droits de l'homme inscrits sur la façade et les quatre-vingt-cinq départements qui y tiennent. Mais c'est si pur et cela a un certain je ne sais quoi de si grand que je me suis senti la chair de poule en le regardant.

La colique et la pendule

Une exposition Boullée à Rome, un architecte américain, sa femme enceinte, l'amant de sa femme : quelques pions du jeu ironique inventé par Peter Greenaway.

Quel rapport y a-t-il entre une orange et un gyroscope, les monuments funéraires sphériques imaginés par Etienne-Louis Boullée (1728-1799), le ventre distendu d'une femme enceinte et celui, ballonné (par des figues ? le

Véritable projet issu des événements révolutionnaires, le *Palais national* de Boullée s'inspire du programme défini par le député Kersaint en 1792. Outre le texte des lois gravé sur la façade, «pour enrichir les murs de ce palais, écrit l'architecte, et présenter l'historique des événements actuels, je les ai chaussés par deux stylobates

poison ? un cancer ?) d'un architecte américain ? Ce sont des formes rondes... certes. Des bulles esthétiques, comiques, philosophiques, morbides, avec lesquelles Peter Greenaway jongle tout au long de ce film très élégant, saturé de symboles et de références culturelles, où le décor souverain empoisonne lentement, comme une fleur carnivore, les insectes humains qui espèrent encore y faire un peu de bruit.

Un architecte de Chicago, Kracklite (Brian Dennehy), vient à Rome monter une grande exposition en hommage à Boullée dans le cadre du monument à Victor-Emmanuel III, puissant désastre de pierre blanche, entre le gâteau et la tumeur, que Rome n'en finit pas de digérer. En même temps que sa femme s'arrondit d'un enfant, Kracklite éprouve de terribles douleurs abdominales, et l'exposition passe aux mains des Italiens, de Caspasian (Lambert Wilson) notamment, qui lui pique aussi les faveurs de son épouse. Kracklite se sent rongé de l'intérieur, miné. Il vomit, se pétrit le ventre, en proie à une constipation mortelle. Il photographie des ventres de statues, les photocopie à l'infini, et rien n'y fait : le crabe qui lui mange les tripes avance aussi vite que son fils vient à la vie, à la minute près. Un médecin lui explique aimablement la fin tragique de quelques empereurs

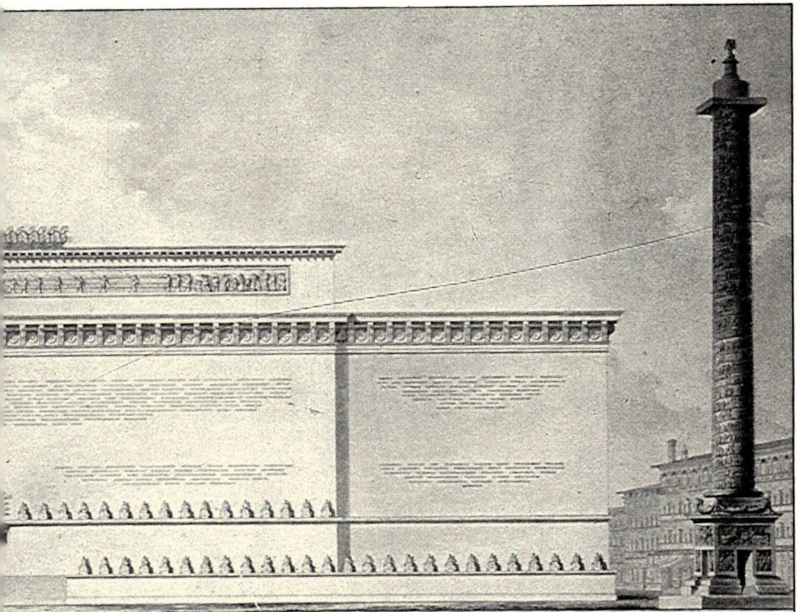

sur lesquels sont placés deux rangs de figures indiquant le nombre de nos départements et qui, tenant chacune le livre des décrets, annoncent l'assentiment du peuple qui les a envoyés. [...] Enfin, j'ai cru devoir former le couronnement de cet édifice par le plus beau triomphe que puisse désirer une nation, celui de sa liberté».

romains assassinés d'un plat de figues ou éviscérés, bref, c'est un syndrome local bien connu.

Peter Greenaway, couvert de lauriers pour *Meurtre dans un jardin anglais*, déclare que son dernier film a un point de départ autobiographique. Lui-même, de passage à Rome il y a quelques années, a souffert de violents désagréments intestinaux. Ah... captivante et insondable analité ! Passionnante colique. Fallait-il pour autant nous en pondre une telle pendule ? Pourquoi pas ? Cela vaut bien d'autres migraines pensives camouflées respectueusement d'une ou deux phrases creuses.

Peter Greenaway serait même le premier à sourire de l'affaire. Nulle émotion ici, sinon le frisson d'un jeu, d'un rébus, d'un arrangement singulier à la Raymond Roussel. D'avance Greenaway se moque, avec un talent certain et ironique, de ceux qui vont s'empresser d'interpréter son puzzle, des penseurs et de leurs diagnostics. Lui s'en garde, se contente d'en jouer : il faut bien donner du travail aux universitaires, pontifes ou étudiants, leur abandonner un nœud de fanstasmes flous (il jouit déjà d'un appareil critique impressionnant en comparaison de son œuvre encore courte ; les bavards sont donc ferrés),

Devenu gâteau d'anniversaire, le *Cénotaphe à Newton*, sur fond de Panthéon romain. On reconnaît les acteurs Lambert Wilson, Chloe Webb et Brian

une nébuleuse froide. Après tout, il y a en art de nombreux et longs messages dont nous ignorons le sens et la portée, des langues inconnues qui nous enchantent et font assez largement la part du rêve, l'indispensable.

Michel Braudeau,
Le Monde, 29 septembre 1987

Copie du placard affiché au Muséum et à la maison du Comité d'Instruction publique pendant la présidence du citoyen Bursilou

Ce violent pamphlet – recopié dans les papiers de J.-J. Lequeu – dénonce l'influence de la caste des architectes consacrés au moment des concours révolutionnaires.

Dennehy (debout) dans le rôle de l'architecte admirateur de Boullée.

AUX CITOYENS DU CONCOURS

Artistes qui demandés qu'il vous soit fait justice, réveillés-vous. Un party c'est formé dans les membres du jury des arts nommé, d'après le Décret de la Convention nationale : fondé apparemment de quelque estime dans la monde ce party puissant à prédominé sur toute l'assemblée ; une espèce de foux en architecture, Boullé le septuagénaire, en est le noyau ; cet homme à tout disposé pour cela ; démarches pressantes, propos séduisants rien ne lui coute et c'est pourquoi ce jugement tient encore à ceux des Académies, aussi ces amis vous emportent-ils l'honneur et le fruit de vos travaux. Architectes concurrens ce travail n'est pas encore donné au comité d'instruction publique, pensez-y bien, pour moi j'espère faire connoitre d'autres détails avant le jury.

Défié vous de Dardel, quoi qu'il dissimule il haï les artistes et veillés sur le patelin Ledoux, sur le phlegme charlatan Le Roy, etc, etc.

Ce 19 germinal 2e de la République
signé Le Juste

Des artistes on dit qu'il paroissoit que les opinions du party Boullé étoient pleinement académiques et royalistes. Ce party a donné le prix à un arc de triomphe nommé par des artistes républicains *l'arc des cochers*, et par d'autres *la porte d'une boucherie* ; puis des prix ou autres projets de même genre.

Il a donné le prix a un temple à l'égalité où l'auteur à tracé des armes en place de colonne. Les artistes l'appelle le *frontispice de la stature d'égalité*. Puis un autre projet du même genre.

Il a donné le prix à une colonne dorique nommée le *mauvais* songe de la *Colonne Trajane* de même pour les autres prix il a donné le prix à une salle d'assemblée appellée par des artistes le *cul de four jacobin* parce que disent-ils l'amphitéâtre des votens est clos et que les femmes de la Commune où autres citoyens ne pouroient voir l'assemblée. Enfin tous les chois des projets c'est fait dit-on de la même manière.

Faisant le bilan de la Terreur, l'historien Michelet s'interroge face au projet de la Cité des Morts de l'architecte Giraud.

Un architecte [...] imagina un monument pour la combustion des morts qui aurait tout simplifié. Son plan était vraiment propre à saisir l'imagination. Représentez-vous un vaste portique circulaire, à jour. D'un pilastre à l'autre, autant d'arcades, et sur chacune est une urne qui contient les cendres. Au centre, une grande pyramide qui fume au sommet et aux quatre coins. Immense appareil chimique, qui, sans dégoût, sans horreur, abrégeant le procédé de la nature, eût pris une nation entière, au besoin, et de l'état maladif, orageux, souillé, qu'on appelle la vie, l'eût transmise, par la flamme pure, à l'état paisible du repose définitif.

Il eut cette idée après la Terreur et la proposa en l'an VII, par un pressentiment, sans doute, de l'accroissement immense qu'allait recevoir l'empire de la Mort. Qu'était-ce que les douze cents guillotinés de ces deux mois (de Prairial en Thermidor) en présence des destructions prodigieuses par lesquelles commence le XIXe siècle ?

Michelet,
Histoire de la Révolution française,
Livre XXI, chap. I

Le *Temple de l'Egalité* de Durand et Thibault (ci-dessus, vu en coupe), conçu comme une pinacothèque révolutionnaire avec les deux martyrs peints par David : Le Peletier (à gauche) et Marat (à droite).

C*hamp de repos* conçu par P. Giraud pour Montparnasse, les Champs-Elysées ou les Buttes-Chaumont (1799-1800).

Le Plan des Artistes ou la ville maîtrisée ?

Réalisé sous la conduite de Verniquet de 1783 à 1796, le plan est connu par des gravures de détail, l'original ayant été détruit.

Le tracé fixe la hauteur et la largeur des percées des rues, classées en cinq catégories. Le plan préconise notamment la liaison de la place de la Bastille à la place Louis XV (place de la Concorde), grand axe est-ouest ; il dégage les abords du Louvre et des Tuileries, ceux du Panthéon ; il aménage les places de la Bastille et du Châtelet ; il prévoit de nouveaux quais et des ponts ; il équipe la rive gauche de places en étoiles, celle de l'Observatoire notamment. Certains de ces travaux seront entrepris par l'Empire, ou plus tard par Rambuteau sous Louis-Philippe et Haussmann sous le Second Empire.

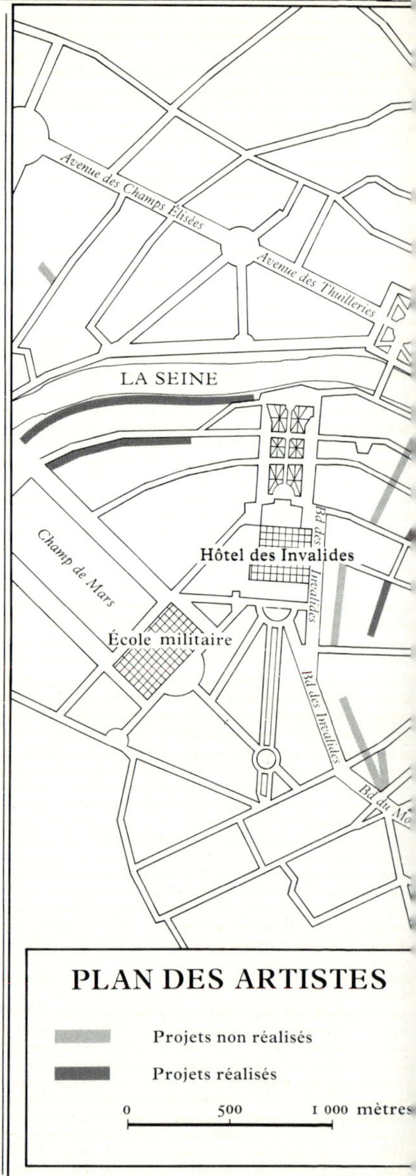

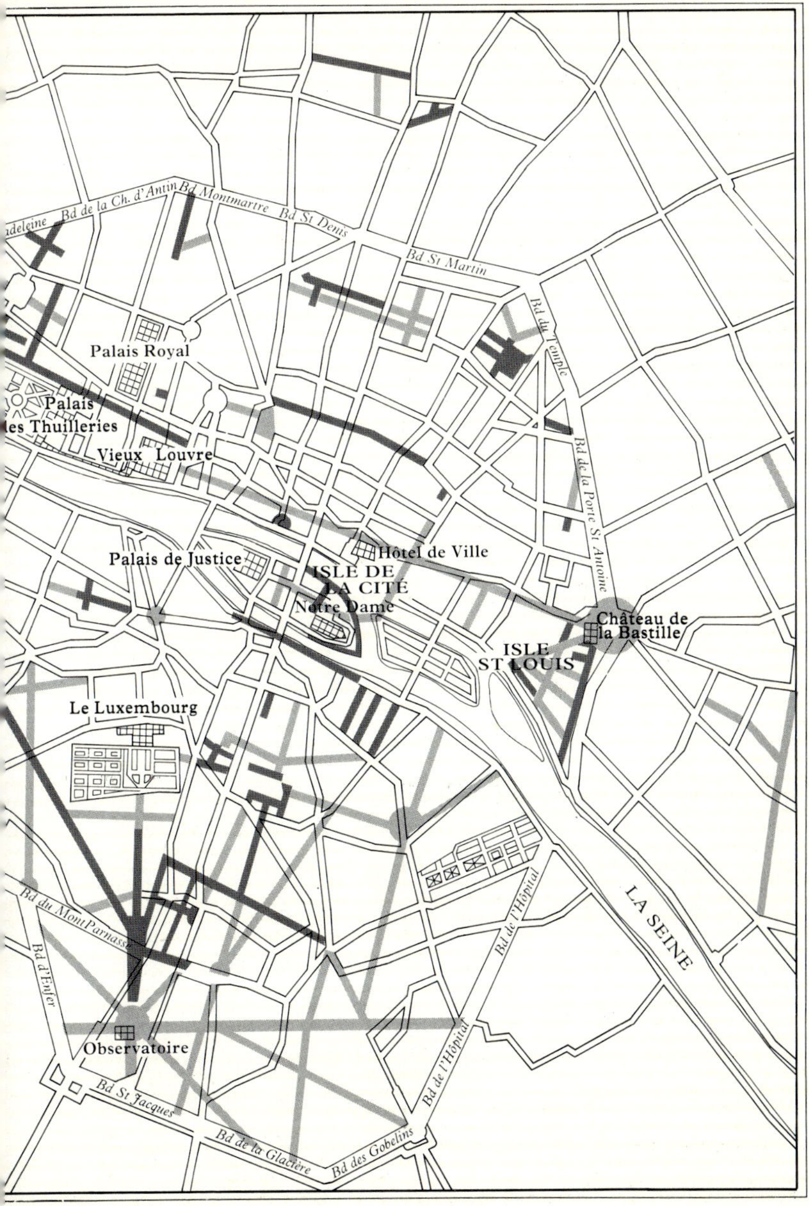
Bd de la Ch. d'Antin
Bd Montmartre
Bd St Denis
Bd St Martin
Bd du Temple
Bd de la Porte St Antoine
Palais Royal
Palais des Thuilleries
Vieux Louvre
Palais de Justice
Hôtel de Ville
ISLE DE LA CITÉ
Notre Dame
Château de la Bastille
ISLE ST LOUIS
Le Luxembourg
LA SEINE
Bd de l'Hôpital
Bd du MontParnasse
Bd d'Enfer
Observatoire
Bd St Jacques
Bd de la Glacière
Bd des Gobelins
Bd de l'Hôpital

Sur l'emplacement du palais des Tuileries incendié lors de la Commune en 1871, la Ville de Paris manifesta, en 1886, le désir d'élever un monument commémorant le centenaire de la Révolution française. De nombreux architectes présentèrent leur projet, mais l'idée fut abandonnée. L.-E. Lheureux imagine d'implanter une haute pyramide à gradins évoquant les restitutions baroques du Mausolée d'Halicarnasse *(Monument à la gloire de la Révolution française*, vue prise à vol d'oiseau).

Les écrivains-témoins

Les écrivains – historiens ou non – ont évoqué les édifices ou les lieux marquants de la Révolution ; quelques-uns se sont attachés à en caractériser l'architecture.

La Cour batave, œuvre de Sobre et de Happe, s'élevait à la hauteur du...

60, rue Saint-Denis, où subsistent quelques éléments de décoration.

Balzac décrit l'ensemble d'immeubles de la Cour batave.

Produit d'une de ces spéculations bizarres qu'on ne peut plus s'expliquer dès qu'elles sont exécutées. Cette construction claustrale, à arcades et galeries intérieures, bâtie en pierres de taille, ornée d'une fontaine au fond [...], fut sans doute inventée pour doter le quartier Saint-Denis d'une sorte de Palais-Royal. Ce monument, malsain, enterré sur ses quatre lignes par de hautes maisons, n'a de vie et de mouvement que pendant le jour ; il est le centre des passages obscurs qui s'y donnent rendez-vous et joignent le quartier des halles au quartier Saint-Martin par la fameuse rue Quincampoix, sentiers humides, où les gens pressés gagnent des rhumatismes ; mais la nuit aucun lieu de Paris n'est plus désert, vous diriez les catacombes du commerce. Il y a là plusieurs cloaques industriels, très peu de Bataves et beaucoup d'épiciers.

Naturellement les appartements de ce palais marchand n'ont d'autre vue que celle de la cour commune où donnent toutes les fenêtres, en sorte que les loyers sont d'un prix minime.

La Cour batave in Balzac
César Birotteau

Le décor de la salle de la Convention est connu par quelques descriptions contemporaines (ici celle de Dulaure). Victor Hugo donne, avant Abel Gance dans son film « Napoléon », sa vision du théâtre de la vie politique de la Révolution.

La décoration générale de cette salle est dans le style du bel antique, il est pur et d'une noble simplicité. Cette salle trop longue et trop étroite n'a pas ce seul défaut ; elle présente un grand nombre de renfoncements et de percées où la voix s'étouffe et se perd. Si l'on ne parle pas assez haut, on n'entend pas ; si on parle trop haut, les murs étant lisses et sans draperies, la voix devient alors trop éclatante et fait écho.

Il paraît aussi qu'on y a négligé les moyens employés dans l'autre salle pour renouveler l'air ; cet objet de salubrité, plus important qu'on ne pense, au physique comme au moral, a été aussi négligé que la partie acoustique. Le talent du décorateur brille plus dans cet édifice que celui du physicien, et peut-être le premier était moins utile que le second.

Dans le fond, cette construction présente plus d'éclat que de solidité ; presque tout y est en plâtre, en toile, en papier, en peinture, et il n'y a presque rien en réalité : il faudra pourtant à la République une salle pour ses représentants, qui soit solide et durable.

Jacques Antoine Dulaure,
Le Thermomètre du jour, 13 mai 1793,
in *Paris révolutionnaire*
G. Lenôtre, Paris, 1947

Ce qu'était la salle des séances, achevons de le dire. Tout intéresse de ce lieu terrible.

Ce qui, en entrant, frappait d'abord le regard, c'était entre deux larges fenêtres une haute statue de la Liberté.

Quarante-deux mètres de longueur, dix mètres de largeur, onze mètres de hauteur, telles étaient les dimensions de ce qui avait été le théâtre du roi et de ce qui devint le théâtre de la Révolution. L'élégante et magnifique salle bâtie par Vigarani pour les courtisans disparut sous la sauvage charpente qui en 93 dut subir le poids du peuple. Cette charpente, sur laquelle s'échafaudaient les tribunes publiques, avait, détail qui vaut la peine d'être noté, pour point d'appui unique un poteau. Ce poteau était d'un seul morceau, et avait dix mètres de portée. Peu de cariatides ont travaillé comme ce poteau ; il a soutenu pendant des années la rude poussée de la révolution. Il a porté l'acclamation, l'enthousiasme, l'injure, le bruit, le tumulte, l'immense chaos des colères, l'émeute. Il n'a pas fléchi. Après la Convention, il a vu le conseil des Anciens. Le 18 brumaire l'a relayé. (...)

Tout cet ensemble était violent, sauvage, régulier. Le correct dans le farouche ; c'est un peu toute la révolution. La salle de la Convention offrait le plus complet spécimen de ce que les artistes ont appelé depuis « l'architecture messidor » ; c'était massif et grêle. Les bâtisseurs de ce temps-là prenaient le symétrique pour le beau. Le dernier mot de la Renaissance avait été dit sous Louis XV, et une réaction s'était faite. On avait poussé le noble jusqu'au fade, et la pureté jusqu'à l'ennui. La pruderie existe en architecture. Après les éblouissantes orgies de forme et de couleur du dix-huitième siècle, l'art s'était mis à la diète, et ne se permettait plus que la ligne droite. Ce genre de progrès aboutit à la laideur. L'art réduit au squelette, tel est le phénomène. C'est

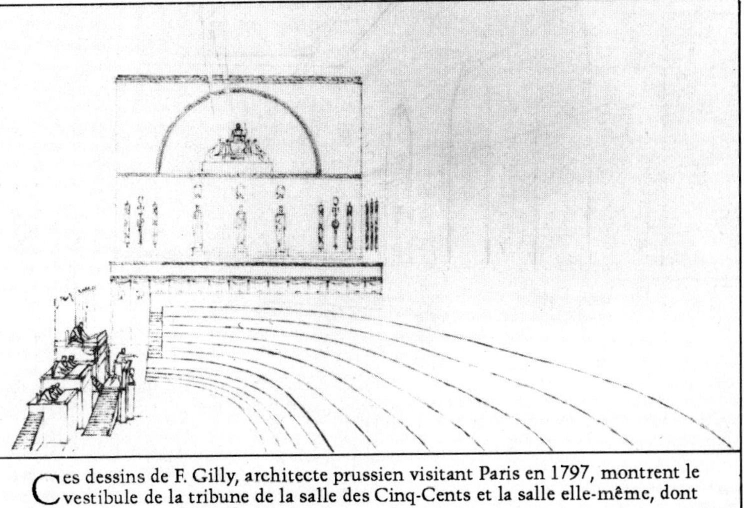

Ces dessins de F. Gilly, architecte prussien visitant Paris en 1797, montrent le vestibule de la tribune de la salle des Cinq-Cents et la salle elle-même, dont le décor évoque celui de la Convention.

l'inconvénient de ces sortes de sagesses et d'abstinences ; le style est si sobre qu'il devient maigre.

En dehors de toute émotion politique, et à ne voir que l'architecture, un certain frisson se dégageait de cette salle. On se rappelait confusément l'ancien théâtre, les loges enguirlandées, le plafond d'azur et de pourpre, le lustre à facettes, les girandoles à reflets de diamants, les tentures gorge-de-pigeon, la profusion d'amours et de nymphes sur le rideau et sur les draperies, toute l'idylle royale et galante, peinte, sculptée et dorée, qui avait empli de son sourire ce lieu sévère, et l'on regardait partout autour de soi ces durs angles rectilignes, froids et tranchants comme l'acier ; c'était quelque chose comme Boucher guillotiné par David.

Victor Hugo,
Quatrevingt-Treize

L'historien des anecdotes du Paris révolutionnaire, Lenôtre, a décrit l'enclos funéraire de Marat. Le tombeau de la comédienne Joly, existant encore près de Falaise, rappelle par sa structure de rochers, de monuments sculptés et de végétation l'art du jardin funèbre.

Il avait été décidé que l'Ami du peuple serait inhumé sous un tertre de rochers au milieu de l'ancien jardin du couvent. Le chemin était court de l'église à l'emplacement de la sépulture, quelques centaines de pas à peine ; mais on avait paré à cet inconvénient en faisant suivre au cortège un parcours qui permit à la foule de se dérouler et de s'étendre sur plusieurs points. La cérémonie commença le mardi 16 juillet vers cinq heures du soir. Le corps de Marat était déposé sur une sorte de lit de repos élevé sur des gradins et traîné par douze hommes.

Autour du char funèbre des jeunes filles vêtues de blanc et des jeunes garçons portaient à la main des branches de cyprès ; la Convention suivait tout entière ; puis venaient les autorités ; puis la foule, divisée par groupes, suivant les bannières de sections. Cet immense cortège s'avançait dans un désordre qu'un contemporain indulgent trouve « en quelque sorte imposant... » et qui dut être une indescriptible cohue. Il suivit la rue des Cordeliers, passa par la rue de Thionville (Dauphine), traversa le Pont-Neuf, longea le quai de la Ferraille, revint par le Pont-au-Change, remonta jusqu'au Théâtre-Français *(Odéon)*, et de là se rendit au jardin des Cordeliers où il arriva un peu après minuit. La foule des curieux massés dans les rues étroites, entassés sous les portes, accrochés aux balcons et juchés jusque sur les toits, regardait passer cette étrange pompe funèbre, dont les figurants chantaient, sur des

Le tombeau de la comédienne Joly, existant encore près de Falaise, rappelle, par sa structure de rochers, de monuments sculptés et de végétation, l'art du jardin funèbre.

airs patriotiques, des hymnes révolutionnaires. De cinq en cinq minutes on tirait le canon au Pont-Neuf. Enfin, la populace, grisée de chaleur et de poussière, s'engouffra dans le couvent des Cordeliers par la porte située en face de la rue Hautefeuille, passa sous l'ancien dortoir des officiers, au pied des sévères murailles de ce réfectoire, qui existe encore, et pénétra dans le jardin où mouraient des illuminations allumées trop tôt.

Le sculpteur F.-F. Martin avait imaginé d'élever au milieu du parterre, en guise de tombeau, un tertre formé de blocs de pierre simulant un entassement de rochers granitiques, symbole de l'inébranlable vigueur de l'Ami du peuple. Dans une ouverture pratiquée entre deux ce ces blocs s'ouvrait une sorte de souterrain fermé par une grille en fer. Au-dessus de cette pittoresque entrée était placée provisoirement une urne funéraire qui contenait le cœur de celui qui avait tant aimé la patrie ; deux autres boîtes de métal devaient prendre place à côté de la bière : l'une renfermait les entrailles, et l'autre les poumons de la victime. Sur la demande de Dufourny les œuvres de l'infatigable journaliste furent aussi déposées dans la tombe.

Au-dessus du tertre qui recouvrait le dernier asile de Marat, s'élevait une sorte de pyramide quadrangulaire surmontée d'une urne avec cette inscription :

ICI REPOSE MARAT
L'AMI DU PEUPLE, ASSASSINÉ PAR LES
ENNEMIS DU PEUPLE
LE 13 JUILLET 1793.

G. Lenôtre,
Paris révolutionnaire,
Paris 1947

Dans le jardin des Cordeliers, le sculpteur Martin élève un tombeau de rochers à J.-P. Marat, lieu d'un véritable culte.

Peu avant la fin du Second Empire, Edgar Quinet analyse la symbolique de l'église de Soufflot, transformée en Panthéon, avant d'être à nouveau – pour un temps – consacrée au culte.

Si l'architecte se fût souvenu de sainte Geneviève, peut-être eût-il gardé quelque chose de l'humilité des anciennes églises romanes. Peut-être eût-on revu le porche d'une vieille basilique. De modestes dômes romans, retenus encore près de terre, s'essayant à monter, eussent précédé et annoncé la coupole maîtresse.

J'eusse aimé, pour ma part, à voir pour ornements, sur les murailles, la houlette et la quenouille de Geneviève mariées au marteau d'Attila. Mais non ! Dès les premiers pas, vous entrez dans les splendeurs corinthiennes.

Voyez ce péristyle. Est-ce bien ici le seuil d'une bergère ? Que ferait-elle au pied de ces colonnes orgueilleuses ? Si encore elle pouvait se réfugier dans leurs cannelures, comme dans le tronc crevassé d'un vieil arbre ! Qu'a-t-elle besoin du luxe de ce portique pour filer ici les destinées de la France ? Où placer là en esprit sa bergerie et sa hutte ? Qu'a-t-elle besoin de cette colonnade dans la nue ? Ces voûtes sont-elles faites pour les cantiques d'une gardeuse de brebis ? Elle semblent bien plutôt résonner des échos des derniers chants d'un Tyrtée ou, peut-être encore, d'une Marseillaise.

Non, ce n'est pas ici la maison d'une bergère. Qu'a donc fait l'architecte ? A quel Dieu a-t-il élevé ces colonnes et ce dôme ? Est-ce un temple de la Nature, ou de la Science ou de l'Esprit ? Personne ne répondit à cette question, tant que dura la France de l'ancien régime. Le monument de sainte Geneviève resta une énigme dont l'architecte lui-même ignora le secret. Personne ne put dire quel était le Dieu inconnu auquel avait été érigé le nouvel autel. Après avoir disputé quelque temps sur la sérénité de la coupole de Soufflot, on cessa d'en parler. Le dix-huitième siècle allait finir ; et le monument le plus

De Wailly propose de modifier le Panthéon en supprimant la coupole de Soufflot, créant un temple à jour couronné par des statues d'hommes illustres.

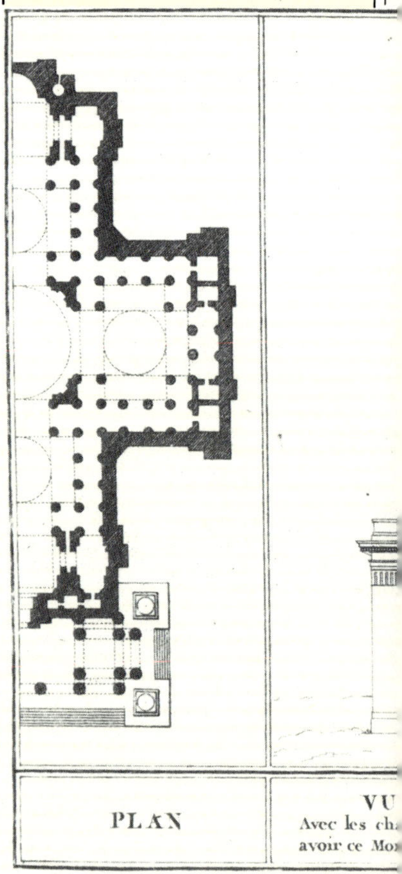

important qu'il ait élevé, ne s'adaptant à aucune des convenances du temps, resta étranger à la vielle France, qui acheva de passer à ses pieds sans le regarder ni le comprendre. Son nom n'est mêlé à aucun des actes de l'ancienne monarchie. Placé au-dessus de Paris, relégué au loin, dans un faubourg, près des murs, on eût dit d'un temple perdu dans le désert.

Qui donc révéla le sens de cette énigme de pierre ? Qui lui donna son vrai nom ? La Révolution française. Pour cela il fallut la mort de Mirabeau. Le 4 avril 1791, l'Assemblée constituante, en face de ce grand mort, eut une inspiration magnanime. Elle chercha autour d'elle où déposer les restes tièdes encore de son orateur. Elle leva les yeux vers la montagne de Geneviève ; avec la sûreté de l'esprit héroïque, elle découvrit que cette église est un temple de la gloire. L'enthousiasme lui tint lieu du

'ECTIVE DU PANTHÉON FRANÇAIS
›rojettés, pour donner le caractère et la solidité que doit
DEWAILLY Architecte et membre de l'Institut-National.

COUPE

sentiment de l'art. Elle vit ce qui avait échappé à l'architecte lui-même, qu'il avait préparé d'avance une demeure aux morts illustres que devait évoquer une divinité jusque-là inconnue, la Liberté. Dans un transport civique, elle baptisa le monument, qui parut pour la première fois recevoir une âme et un sens. Elle l'appela le Panthéon.

Edgar Quinet, « Le Panthéon », in *Paris, Guide par les principaux écrivains et artistes de France*, Paris, 1868

Préfaçant son « Histoire de la Révolution », Michelet parcourt l'espace du Champ-de-Mars...

Chaque année, lorsque je descends de ma chaire, que je vois la foule écoulée, encore une génération que je ne reverrai plus, ma pensée retourne en moi.

L'été s'avance, la ville est moins peuplée, la rue moins bruyante et le pavé plus sonore autour de mon Panthéon. Ses grandes dalles blanches et noires retentissent sous mes pieds.

Je rentre en moi. J'interroge sur mon enseignement, sur mon histoire, son tout-puissant interprète, l'esprit de la Révolution. [...]

Alors je vais au Champ-de-Mars, je m'assieds sur l'herbe séchée, je respire le grand souffle qui court sur la plaine aride.

Le Champ-de-Mars, voilà le seul monument qu'a laissé la Révolution... L'Empire a sa colonne, et il a pris encore presque à lui seul l'Arc de Triomphe ; la royauté a son Louvre, ses Invalides ; la déodale Église de 1200 trône encore à Notre-Dame ; il n'est pas jusqu'aux Romains qui n'aient les Thermes de César. Et la Révolution a pour monument... le vide...

Préface de 1847

C'est le vide du Champ-de-Mars qui impressionne vers la fin de la Révolution l'Allemand Gilly.

Autour du concept d'« architecture révolutionnaire »

Longtemps méconnue, l'architecture des Lumières et de la Révolution française trouve dans le premier tiers du XXe siècle une certaine actualité avec les mouvements d'avant-garde, les recherches des architectes liés à la révolution soviétique et les travaux de l'historien d'art Kaufmann. Celui-ci tente de dégager les moments de rupture avec le baroque et la tradition comme il souligne l'originalité du courant moderne menacé par l'emphase des réalisations des régimes totalitaires.

Les architectes dont il sera question ici n'ont joué aucun rôle sur la scène politique ; ils n'ont pas davantage fait partie de cette horde d'artistes mineurs qui prétendaient évoluer avec leur temps uniquement parce qu'ils ajoutaient des bonnets phrygiens à tous leurs dessins. Non, les hommes dont je parlerai étaient imprégnés d'un idéal nouveau proposé par les grands penseurs du siècle, et tentaient, sans en avoir pleinement conscience, d'exprimer cet idéal dans leur art. Nul historien objectif ne peut analyser la Révolution française en se limitant aux terribles années de tourmente, entre la prise de la Bastille et le retour à l'ordre. Il étudie plutôt comment la notion des droits de l'individu se développa dans une société nouvelle et s'affirma une dizaine d'années avant les événements de 1789 ; il observe que l'on commence à défendre ces nouvelles idées, sans succès immédiat mais en préparant ainsi le futur. L'histoire de l'art doit faire de même, tenir compte de l'évolution des tendances avant d'en commencer la matérialisation.

Couronné par le Jury des concours de l'an II, le *Temple décadaire* de Durand et Thibault est, en fait, un «lieu d'assemblée pour la réunion des citoyens d'une commune, à l'effet d'y exercer un culte quelconque, ou d'y traiter des affaires publiques».

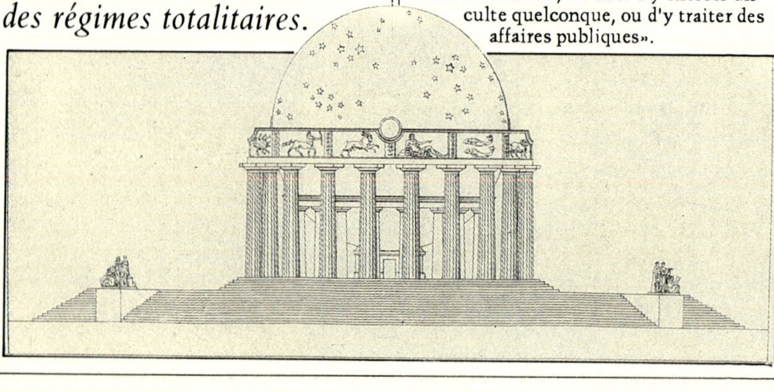

Projet improvisé à Rome en 1785 par Vaudoyer et qui porte le nom de *Maison d'un cosmopolite.*

Le calme après la tempête

Après les formes exagérées et l'affectation de la fin du Baroque, après le classicisme et l'exotisme, Lequeu aborde le surnaturel. Anticipant le XXe siècle, Boullée et Ledoux restaurèrent à leur juste place les formes élémentaires. En outre Ledoux se montra progressiste dans ses recherches d'un ordre nouveau. Lequeu était destiné à introduire dans l'architecture l'émotion et le fantastique, plus encore que ses deux aînés. Ses obsessions, ses rêves traduisent parfaitement le développement des conceptions artistiques de son époque, même s'il n'apporte aucune réponse sur le plan pratique. Lequeu dont le regard se tournait pourtant vers les temps anciens et les régions lointaines, fut le précurseur du XIXe siècle. L'incertitude et la tourmente donnèrent parfois naissance chez lui à des caprices étranges. Mais de grandes et nobles formes émergent de chaque tempête. L'émotion importe parfois plus que la rigueur formelle. Il ne s'agit pas d'établir une comparaison entre les événements de 1800 et ceux de 1900. On observe cependant la continuité des mêmes idées.

Le Geay et Lequeu, qui moururent dans l'oubli, Boullée et Ledoux, qui achevèrent leur existence dans l'incertitude, furent tous des visionnaires. Aucun ne laissa d'exemple facile à suivre. Mais leur vision introduisit ces temps nouveaux que Ledoux avait tant espérés.

E. Kaufmann,
Trois Architectes révolutionnaires...

De Ledoux à Le Corbusier... ?

La thèse de Kaufmann qui revenait à voir en Le Corbusier le véritable héritier de Ledoux et de Schinkel, cette thèse était faite pour scandaliser les tenants d'un néo-classicisme de parade, à la Albert Speer, aussi bien que ceux, sur l'autre bord, qui estimaient qu'après tout le prolétariat avait droit, lui aussi, à la « colonne » (Question : le prolétariat a-t-il le droit à *l'entasis* ? La colonne prolétarienne peut-elle prêter à *enflure* ?). On oublie en effet trop souvent que la critique du fonctionnalisme ne date pas d'aujourd'hui, et que, parmi les marxistes mais aussi bien à Francfort, avec Adorno, il s'est trouvé de bons esprits pour dénoncer ce qu'ils regardaient, suivant la phrase de Brecht, comme « le dernier mot de l'architecture bourgeoise ». Le dernier mot, mais non pas le premier : et l'on

Adolf Loos, projet pour Vienne (1917).

conçoit que des hommes qui se réclamaient de l'idéal révolutionnaire aient pu juger inconvenant le propos selon lequel le programme de la *Sachlichkeit* aurait trouvé à se formuler dès l'époque de la « grande Révolution », française et bourgeoise, celle de 1789. [...]

La ressemblance entre l'époque de Ledoux et la nôtre n'est pas limitée (ce sera là une de nos conclusions) aux aspects formel et thématique. Cette ressemblance ne tient pas seulement au fait qu'à son époque comme à la nôtre on voit se manifester, avec une force déterminante pour toute l'architecture, le problème important et nouveau de la masse comme ressort puissant de solutions. Indépendamment des nouvelles exigences du réel, on décèle maintenant comme à cette époque un nouvel idéalisme. Il apparaît dans *l'Architecture* de Ledoux comme dans les écrits de Le Corbusier, dans la projet de la Ville idéale comme dans la Cité mondiale. C'est dans cet idéalisme, fondé sur les idées nouvelles de l'éthique et du droit, qu'est en fin de compte enraciné, nous semble-t-il, avant 1800 tout comme aujourd'hui, le renouvellement de l'architecture.

H.Damisch

Le Corbusier analyse

Voici ce que prétendent les novateurs d'aujourd'hui :

Jusqu'à la Révolution, les Arts, expression fidèle de la vie économique, politique et de l'état psychologique des peuples, étaient montés lentement et sans éclipse, par évolution, de l'obscur Moyen Age aux extrêmes du raffinement et de la délicatesse. Nés du peuple et pour le peuple, ils étaient devenus, petit à petit, à ce moment, le monopole des classes cultivées et riches.

La Révolution amène un bouleversement complet. Des hommes sont au pouvoir, – ont dès lors la possibilité d'y monter, – qui ont eu une éducation incomplète, qui sont sortis de la plèbe ignorante. Leurs fonctions sont celles qu'avaient remplies jusqu'ici des seigneurs. Dans le domaine de l'Art, par exemple, cette succession leur devenait impossible. Mais, bien forcés de l'endosser quand même, ils commettaient fatalement *une inconvenance*. Cette inconvenance devait être désastreuse pour l'Art.

Cependant des milliers d'artisans n'avaient point disparu ; ils avaient été les ouvriers stupéfiants (architectes, menuisiers, sculpteurs, stucateurs, ferronniers) des styles les plus délicats

« C'est une maison que j'aurais voulu bâtir et, [...] j'espère, que l'on aurait aimé habiter, dit E. Terry (vers 1938). Entre chaque arche de pierre blanche et légèrement en saillie, de la brique ou des petites pierres brûlées que j'aime tellement.» Le plan, à l'image d'un colimaçon, se déroule à partir de la cheminée centrale. Au rez-de-chaussée, la réception et le service; aux deux étages, des chambres et leurs salles de bains. L'escalier extérieur se termine par une grande terrasse.

Projet de façade d'un « Tribunal de Paix, édifice qui répondrait, parmi nous, aux prétoires des Romains ». Ce projet de B. Vignon, couronné par le Jury des concours de l'an II, constitue un des modèles des Bâtiments civils « fait pour plaire à tous les yeux sensibles au charme des proportions et de l'harmonie des formes ».

qui aient jamais existé en Europe. Leur main et leur œil exercés devaient reprendre leur œuvre dès les troubles passés. Or, voici qu'en France, où venait d'être déifié le bonnet phrygien, on décrétait, par pur littérarisme, la résurrection des temps antiques. Si forte était la tradition d'art, que ni l'œil ni la main ne surent trahir, et on fit de « l'Empire » le style qui reste peut-être le plus aristocratique, le plus sobre, le plus « sérieux ». C'est, disent les novateurs d'aujourd'hui, le style qui est sûrement le plus près de nous. Ils disent encore : « c'est, logiquement, le style que nous devons reprendre et continuer ».

Ch.-E. Jeanneret,
Etude sur le mouvement d'art décoratif en Allemagne

Portée morale

Il faut admettre que l'architecture révolutionnaire dans ses productions les plus audacieuses et les plus dépouillées reste un art de représentation soumis à l'animisme et au symbolisme. Boullée n'a fait que développer ce que J.-F. Blondel écrivait dans son chapitre sur la « convenance » : « Un édifice doit au premier regard s'annoncer pour ce qu'il est ; c'est la poésie de l'art. » Mais les conséquences en sont proprement politiques : si nos sensations sont à l'origine de nos idées, si le milieu détermine l'individu, l'architecte devient un précieux agent du législateur puisqu'il peut, par mimétisme, conditionner la société dont il construit le cadre. Or, il est indéniable que les artistes, à la fin du dix-huitième siècle, étaient au fait des idées philosophiques. [...] Boullée dit dans son *Essai sur l'art* qu'il a projeté un cirque « pour remplir des vues morales et politiques, car les plaisirs nationaux maintiennent les

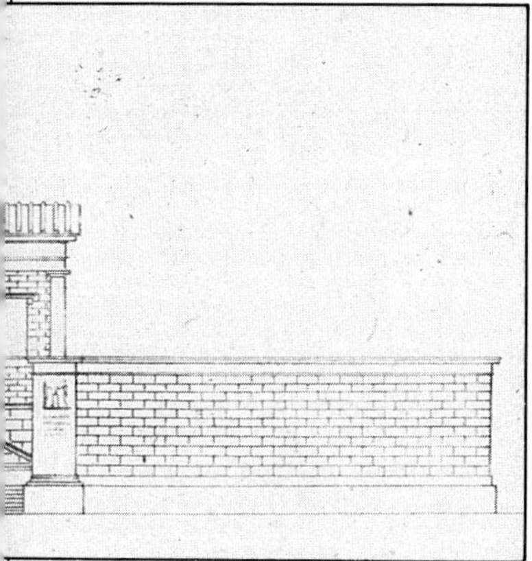

bonnes mœurs ». Les contemporains ont bien compris ses vues puisqu'un Restif de la Bretonne, pourtant assez étranger à ces préoccupations, passant devant une de ses productions, la prison de la Force, déclare : « Nous ne désapprouvons pas que l'on donne cette hideuse entrée aux prisons ; elle peut servir de frein.

Jean-Marie Pérouse de Montclos, *l'Architecture à l'antique et la Révolution*, dans *l'Art en France*, 1964, T. IV

Une trilogie : la forme, la structure, le verbe

Les *Trois Architectes Révolutionnaires* constitue l'aboutissement de vingt-cinq années de recherches d'une exceptionnelle rigueur. Après avoir établi, en 1933, les fondements de sa réflexion théorique, Kaufmann a tour à tour porté son attention sur l'œuvre de Boullée (1939) et celle de Lequeu (1949) comme il l'avait fait auparavant, à plusieurs reprises, sur celle de Ledoux. Il s'attache désormais, avec l'aide de textes et de documents iconographiques nouveaux, à illustrer les divers aspects de la révolution architecturale ainsi qu'à définir les conditions historiques qui présidèrent à son avènement [...]

La *trilogie révolutionnaire* n'est en rien une nouvelle personnalisation de la *coupure*, comme cela avait été le cas en 1928 lorsque Kaufmann écrivit la biographie de Ledoux dans le *Thieme et Becker*. Plus que trois architectes, ce sont trois composantes, trois reflets de ce que l'auteur appelait en 1933 *Die Krise der Baukunst um 1800*, qui sont ainsi nommés. Il pourrait paraître justifié de remplacer cette trilogie par celle de «Soufflot, Ledoux, Dubut » ou

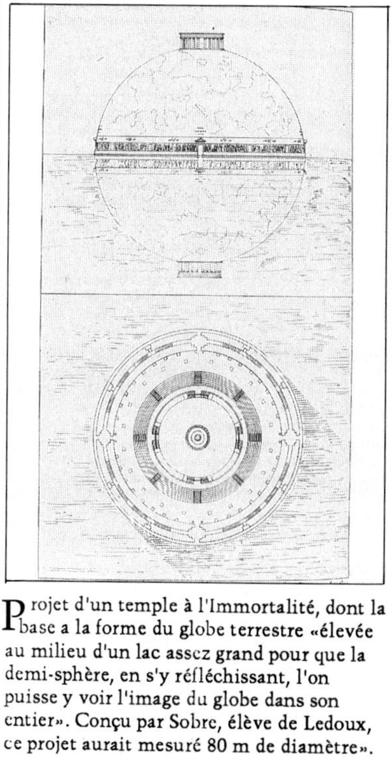

Projet d'un temple à l'Immortalité, dont la base a la forme du globe terrestre «élevée au milieu d'un lac assez grand pour que la demi-sphère, en s'y réfléchissant, l'on puisse y voir l'image du globe dans son entier». Conçu par Sobre, élève de Ledoux, ce projet aurait mesuré 80 m de diamètre».

encore « Gabriel, Soufflot, Ledoux » si l'on voulait évoquer le problème de la fin du Baroque en France et l'avènement de l'architecture moderne. Kaufmann s'en tient à une lecture syntagmatique de la mutation : Boullée, Ledoux et Lequeu sont tout autant des produits que des agents de la crise, ils n'en conditionnent pas véritablement l'existence : « Boullée incarne principalement le combat pour les formes nouvelles ; Ledoux la recherche d'un nouvel ordre ; Lequeu, le dénouement tragique du mouvement révolutionnaire : désespoir, résignation et retour au passé... » La forme. La structure. Le verbe.

Gilbert Erouart,
Introduction à Kaufmann

Les révolutions du XXe siècle

Ainsi le terme d'architecture révolutionnaire prend-t-il son sens et nous conduit-il à poser la question comment se définit, à partir de la Révolution française, une inquiétude nouvelle et profonde sur la construction du monde futur. Comment les révolutionnaires français parviennent à formuler dans quelles conditions heureuses ce monde pourra être construit, et comment, à dater de cette époque, se dessinent les différentes méthodes pour organiser le monde.

Nous aurons donc à voir ce que proposent les théories sociales, et en particulier le « socialisme utopique », en matière d'architecture, ainsi que la manière dont les architectes eux-mêmes peuvent analyser le problème. Sur ce thème les recherches sociales et architecturales se rencontrent d'ailleurs dans beaucoup de leurs aspects, mais, isolées, elles ne couvrent qu'une partie de la question.

En effet, avec l'architecture révolutionnaire russe des années vingt, nous retrouvons le véritable souffle de l'architecture de la Révolution française, même si les cités idéales ne sont pas les mêmes.

Philippe Sers,
l'Architecture révolutionnaire

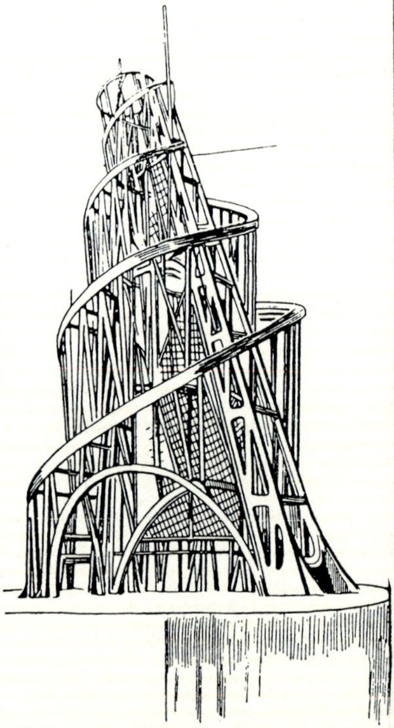

Ce projet d'un *Monument à la Troisième Internationale,* œuvre du sculpteur et architecte U. E. Tatline, marque l'engagement des artistes soviétiques appartenant au mouvement constructiviste.

Projet pour le concours du *Palais des Soviets* de Moscou, de M. J. Guinzburg (1932). Ces vues de la maquette du projet montrent l'association de l'idée de salle d'assemblée et de la sphère.

Histoire de l'art et recherches actuelles

Depuis une vingtaine d'années, les recherches se multiplient sur l'architecture de la période 1750-1815 : suite à l'essor des publications et des expositions sur le courant néo-classique. La connaissance des sources (dessins conservés et documents d'archives), l'inventaire des bâtiments existants (l'architecture privée notamment) justifient ce nouvel intérêt pour les projets d'architecture et d'urbanisme et pour la symbolique du langage des architectes de la liberté.

L'architecture, « théâtre de la mémoire »

Il semble que l'ambiguïté fondamentale du concept d'architecture révolutionnaire provienne d'une confusion volontaire entre le structurel et l'événementiel, les formes et la politique. Cependant, le développement général des études sur le néo-classicisme européen est venu, depuis une vingtaine d'années, élargir le champ dévolu jusqu'alors à ce moment de l'histoire des formes. Pour étayer sa démonstration, Kaufmann avait formulé sa théorie en termes de rupture. Werner Œchslin, dans une étude consacrée aux sources italiennes de l'architecture révolutionnaire, s'efforce d'isoler certaines constantes culturelles qui sous-tendent la production artistique de la fin du XVIe siècle au début du XVIIIe siècle. A une lecture successive et progressive de l'histoire, il préfère une approche diagonale et généalogique [...]

L'actualité de l'architecture révolutionnaire ne s'est pas démentie, et ce sont aujourd'hui les architectes eux-mêmes qui relaient les historiens. Chez certains on discerne une sorte de fascination pour la valeur poétique de l'invention monumentale. Valeur poétique qui tient, bien sûr, à la force plastique des objets représentés, mais au moins autant au discours qui les accompagne. Boullée, Ledoux, Lequeu – à des degrés divers – se sont aussi exprimés par le langage. Ils revivent parfois à travers les condamnations et les enthousiasmes de certains de nos contemporains. « Aujourd'hui, la

L'architecte Gay a imaginé, pour la fête de la Raison en l'an II, d'envahir le chœur de Saint-Jean de Lyon d'une montagne précédée d'un autel où trône la statue dont le globe terrestre forme le socle.

confusion s'est emparée de l'architecture qui se trouve souvent confondue avec l'usage instantané qu'elle favorise. Le concept de machine à habiter de Le Corbusier a cruellement obscurci tout ce qui dans l'habiter ne doit rien à la technique » (Antoine Grumbach.) Dans le vieux débat forme/fonction, l'intégration de l'histoire a un rôle à jouer pour que l'architecture soit réellement « le théâtre de la mémoire ». « Citations-manifestes » ou « détournement-dérision », les colonnades et les bossages de Ledoux, comme les espaces sphériques de Boullée, hantent encore les imaginations.

Monique Mosser
et Daniel Rabreau,
Article « Les architectes révolutionnaires »
Encyclopaedia Universalis
Universalia, 1980

Existe-t-il un style républicain ?

Nous ne le saurons jamais, mais il existe apparemment à l'intérieur du style de la Ire République une ambiguïté entre la tendance à l'austérité absolue, à la vertu et à l'égalité dans les membres de l'architecture ; entre le « post-néogrec » et un courant crypto-oriental (dirigé vers l'Egypte et le Proche-Orient) qui renouvelle le vieux conflit entre la simplicité et la richesse. A l'extérieur des édifices, ceci peut s'exprimer dans le choix des ordonnances : la référence à la Rome d'Antonin Pie est pour les contemporains celle au luxe, mais le luxe n'est condamné que lorsqu'il devient l'apanage des particuliers.

A l'intérieur des édifices, on cherchait à éviter l'allusion à l'opulence (en supprimant les rosaces dans les caissons par exemple). En dehors des allégories et des attributs sculpturaux souvent exécutés dans des matériaux éphémères, deux éléments semblent particulièrement remarquables.

Premièrement, des tentatives pour créer des architectures «pyramidales », allusion sans équivoque à une sorte de force primitive attribuée aux Egyptiens. Ceci n'est seulement évident que dans certains projets de monuments funéraires, dans l'intérieur de l'amphithéâtre du Jardin des Plantes, mais surtout dans le plus noble exemple d'architecture intérieure qui subsiste de cette période : le bureau de l'Assemblée nationale (par Jacob, peut-être en collaboration avec Percier et Fontaine) qui présente en effet une structure spatiale en dégradé.

Un coin de rue à Bordeaux, conserve ses noms de baptême successifs de la Révolution (avec l'arbre de la liberté) à la Restauration.

Deuxièmement, la présence de draperies dans les salles révolutionnaires ne s'explique pas exclusivement par des raisons acoustiques, d'autant plus que ce problème continue à être pensé dans des termes vitruviens (on s'oriente notamment vers l'utilisation des vases d'airain). L'apparition massive des draperies, motif qui peut dériver d'un contexte pittoresque (mentionnons la tente tartare ou turque de la folie du duc de Chartres devenue le parc Monceau et la tente de Haga exécutée par Desprez en Suède), est un signe marquant du « style messidor ». Ce qui a par ailleurs été bien senti lorsqu'on a reconstitué la salle de la Convention pour le film de « Danton » (alors que par ailleurs les boiseries et les stucs dateraient plutôt de la fin du XIXe siècle). Ce

Créée par une société de spéculateurs en 1793, la rue des Colonnes a été conçue par Vestier – fils d'un peintre – et construite, par Bénard et un entrepreneur, comme un passage privé. Ouverte en 1797, la rue a été percée par la rue de la Bourse, puis amputée lors de la création de la rue du Quatre-Septembre en 1864. C'est le même architecte, Vestier, qui a construit des immeubles, rue de la Chaussée-d'Antin, dont le porche garde grande allure (à gauche).

mode de décoration démontre que l'on ne se satisfait pas de la simplicité absolue qui exige un camouflage.

Reste à déchiffrer le message de ces moyens et formes mis en œuvre. Le premier style « républicain » ne contiendrait donc pas seulement l'appel à la vertu, comme il a très bien été ressenti par la plupart des témoins oculaires, mais un autre élément qui transcende sensiblement l'austérité (et qui caractérise souvent les révolutions) : une promesse de magnificence.

Werner Szambien,
le Style républicain,
dans *Monuments historiques*
n° 144, 1986, p. 39-43

BIBLIOGRAPHIE

Benoît, François, *L'Art français sous la Révolution et l'Empire : les doctrines, les idées, les genres*, 1897, réimpression Slatkine – Megariotis 1975, Genève.

Boullée, Etienne-Louis, *Architecture : essai sur l'art*, textes réunis et présentés par Jean-Marie Pérouse de Montclos, Hermann 1968, Paris.

Braham, Allan, *L'Architecture des Lumières : de Soufflot à Ledoux*, Berger-Levrault 1982, Paris.

Duboy, Philippe, *Jean-Jacques Lequeu : une énigme*, Hazan 1987, Paris.

Gallet, Michel, *Claude-Nicolas Ledoux : 1736-1806*, Picard 1980, Paris.

Hautecœur, Louis, *Histoire de l'architecture classique en France*, tome V, « Révolution et Empire 1792-1815 », Picard 1953, Paris.

Kaufmann, Emil, *Trois Architectes révolutionnaires : Boullée, Ledoux, Lequeu*, S.A.D.G. 1978, Paris.

Kaufmann, Emil, *De Ledoux à Le Corbusier : origine et développement de l'architecture autonome*, l'Equerre 1981, Paris.

Oechslin, Werner, « Pyramide et sphère : notes sur l'architecture révolutionnaire du XVIIIe s. et ses sources révolutionnaires » in *Gazette des Beaux-Arts*, avril 1971.

Ozouf, Mona, *La Fête révolutionnaire : 1789-1799*, Gallimard 1987, Paris.

Pérouse de Montclos, Jean-Marie, *Etienne-Louis Boullée (1728-1799) : de l'architecture classique à l'architecture révolutionnaire*, Arts et Métiers graphiques 1969, Paris.

Pérouse de Montclos, Jean-Marie, *Les Prix de Rome : concours de l'Académie royale d'architecture au XVIIIe s.* Ecole nationale supérieure des Beaux-Arts – Berger-Levrault 1984, Paris.

Sers, Philippe, *L'Architecture révolutionnaire*, Aline Elmayan 1973, Paris.

Szambien, Werner, *Jean-Louis Nicolas Durand*, Picard 1984, Paris.

Szambien, Werner, *Les Projets de l'an II : concours d'architecture de la période révolutionnaire*, Ecole nationale des Beaux-Arts 1986, Paris.

Szambien, Werner, *Le Musée d'architecture*, Picard 1988, Paris.

Vidler, Anthony, *Ledoux*, Hazan 1987, Paris.

Les Architectes visionnaires de la fin du XVIIIe s., (exposition en collaboration avec la Bibliothèque nationale de Paris, 1966), catalogue par J.-C. Lemagny, Musée d'art et d'histoire 1966, Genève.

Alexandre-Théodore Brongniart (1739-1813) : architecture et décor, musée Carnavalet 1986, Paris-Musée, 1986.

Charles de Wailly : peintre architecte dans l'Europe des Lumières (exposition Hôtel de Sully, 1979), catalogue par Monique Mosser et Daniel Rabreau, Caisse nationale des monuments historiques et des sites, 1979, Paris.

De Ledoux à Le Corbusier, origines de l'architecture moderne, (exposition Crédit foncier de France), Fondation Ledoux, Arc-et-Senans, 1987.

Les Fêtes de la Révolution (exposition), catalogue par Jean-Paul Bouillon, Monique Mosser et Daniel Rabreau, musée Bargoin 1974, Clermont-Ferrand.

La Révolution française, le Premier Empire : dessins du musée Carnavalet (exposition 1982, i.e. 1983), musée Carnavalet 1983, Paris.

TABLE D'ILLUSTRATIONS

COUVERTURE

OUVERTURE

CHAPITRE I

CHAPITRE II

CHAPITRE III

CHAPITRE IV

DÉPLIANT

TÉMOIGNAGES ET DOCUMENTS

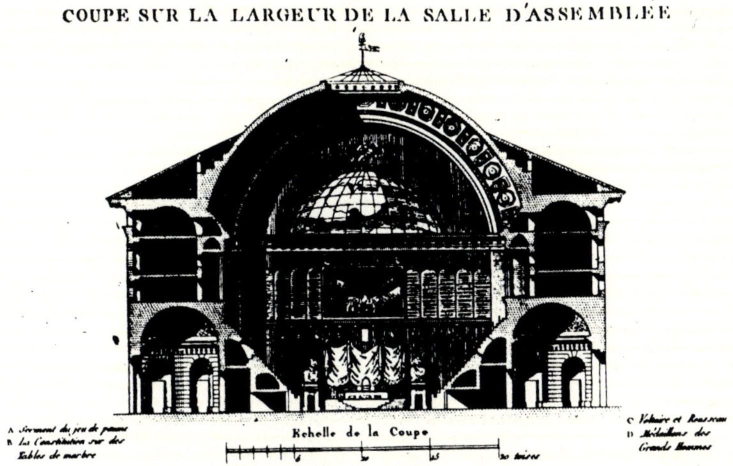
COUPE SUR LA LARGEUR DE LA SALLE D'ASSEMBLÉE
A Serment du jeu de paume
B La Constitution sur des Tables de marbre
Echelle de la Coupe
5
10
15
20 toises
C Voltaire et Rousseau
D Médaillons des Grands Hommes

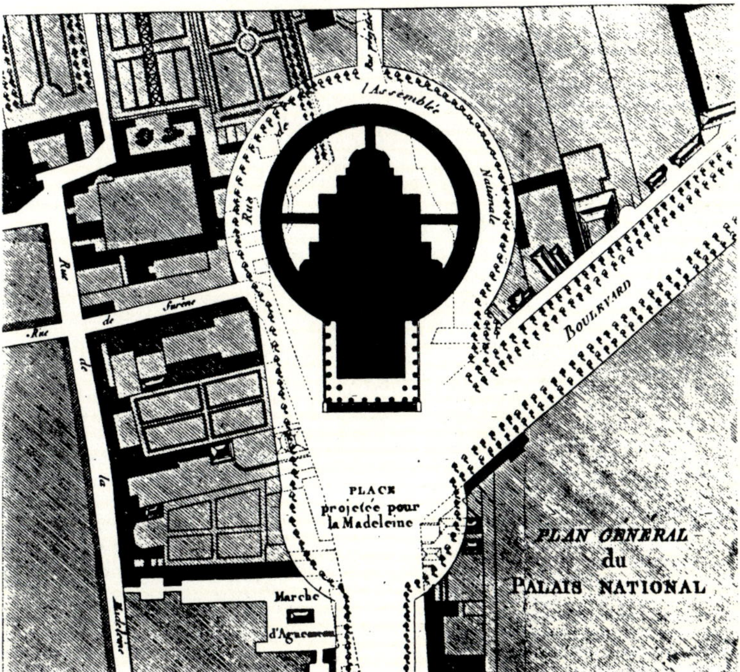
Rue de l'Assemblée Nationale
Rue de Surène
BOULEVARD
PLACE projetée pour la Madeleine
Marché
PLAN GÉNÉRAL du PALAIS NATIONAL

INDEX

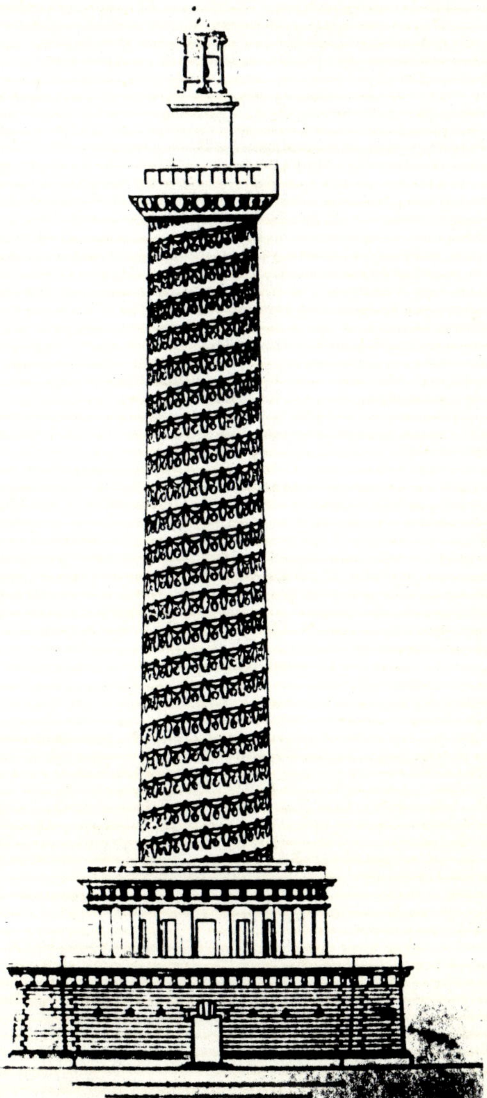

VUE EXTERIEURE DE LA SALLE D'ASSEMBLEE.

CRÉDITS PHOTOGRAPHIQUES

Académie d'Architecture, Paris 26; Archives nationales 59h; Art Ressource, New York 64; Art Ressource, New York/J. Parnell dépliant; Bibliothèque Méjanes, Aix-en-Provence 17b; Bibliothèque municipale, Besançon 58; Bibliothèque municipale, Lyon 163; Bibliothèque nationale, Paris couverture, dos, 1, 2/3, 4/5, 6/7, 10, 12/13, 14/15, 16, 17h, 17m, 18, 19h, 19b, 20h, 25h, 27, 40b, 44h, 45, 46, 52, 59b, 60, 60/61, 61h, 61b, 62, 62/63, 63h, 63b, 66, 67, 85h, 108g, 127, 134/135, 138/139b; Bulloz, Paris 32m, 76/77; Centre régional de Documentation pédagogique, Bordeaux/Pierre Bardou 111h, 112h, 114b, 164g; J-L Charmet, Paris 97, 102h; J. Dubout, Paris 95h; Dagli Orti, Paris 35, 41b, 104h; P. Delatouche, Orléans 31; D. R. 22/23, 54, 55h, 55b, 56/57, 74, 77, 78h, 80h, 93h, 110, 111b, 113, 136/137, 146, 147, 149, 156, 157, 160, 161; Ecole nationale supérieure des Beaux-Arts 28/29, 53, 81m, 82, 83, 88/89, 110/111; Edimédia, Paris 38/39, 40h, 42/43, 48, 49h, 91, 95b, 96/97, 106h, 171, 173, 175; Connaissance des Arts/Edimédia, Paris 30b; Galerie Kugel 51; Gallimard/Pierre Pitrou 9, 12, 14, 21b, 22/23, 32h, 32b, 38, 39, 49b, 50/51, 55h, 55b, 68, 69, 70h, 70md, 70mg, 70b, 71h, 71b, 72, 73h, 73b, 74, 77, 78h, 80h, 80b, 81h, 81b, 87h, 90, 93h, 98, 99g, 100, 102b, 104b, 106b, 107, 109, 118, 119h, 119b, 126, 133, 138/139h, 140, 144/145, 154, 155, 158/159, 159; Giraudon, Paris 34, 36/37, 41h, 122, 123h, 125/126; Inventaire régional de Basse-Normandie, Caen 148; H. Josse, Paris 24, 25b, 103, 123b, 124, 125; Musée des Arts Décoratifs, Paris 30h, 75; Musée des Beaux-Arts de Lille 43, 78/79; © Spadem/Musées de la Ville de Paris 11, 13, 20b, 21h, 22, 23, 36, 37, 42, 46/47, 47, 52/53, 101, 105b, 108d, 112b, 116b, 150/151; National Gallery of Ireland, Dublin 105h; Réunion des Musées nationaux 33, 92, 117, 120/121, 142/143; Caroline Rose, Paris 129; Scala, Florence 87b; Sotheby's, New York dépliant, 130; Staatliche Graphische Sammlung, Munich 85b; Staatskunsthalle, Karlsruhe 99d; E. Vitou, Paris 114h, 115h, 116h, 164d, 165.

REMERCIEMENTS

Les auteurs tiennent à exprimer leur gratitude à Philippe Duboy et à Werner Szambien pour leurs précieux conseils ainsi qu'à ceux qui leur ont apporté une aide :
D. Aaron, G. Auguier, J.-P. Avisseau, P. Bordes, C. Chagneau, Mme Doublet, C. Dupavillon, J. Cohen, F. Folliot, L. Grenier, galerie Kugel, O. Le Fuel, P.-V. Lorne, B. Marescot, A. et M. Moatti, G. Monnier, M. Mosser, J.-D. Pariset, H. Pellevilain, N. Pic, A. et P. Pinon, A. Pradère, galerie P. Prouté, D. Rabreau, P. Ramade, B. de Rocheboüet, J. Silvestre de Sacy, U. et A. van de Sandt, E. Vitou.

COLLABORATEURS EXTÉRIEURS

La maquette de cet ouvrage a été réalisée par Marc Blais, NMF. L'iconographie a été réunie par Frédéric Morvan. Patrick Mérienne a dessiné les plans des pages 78 et 140/141. Catherine Lévine a assuré la lecture-correction.